展望品

소태산 대종경
마음공부

14
·
전망품

글·균산 최정풍 교무

머리말

『대종경大宗經』은 원불교 교조인 소태산少太山 박중빈朴重彬 대종사大宗師의 언행록입니다. 원기47(서기1962년)에 완정하여 『정전正典』과 합본, 『원불교교전』으로 편찬 발행되었습니다. 『정전』이 소태산 대종사가 직접 저술한 원불교 제1의 경전이라면 『대종경』은 그의 사상 전반을 이해할 수 있는 제2의 대표 경전입니다. 소태산 대종사의 열반원기28년, 서기1943년 후 『대종경』 편찬에 신속히 착수한 제자들의 노력 덕분에 소태산 대종사의 생생한 말씀과 행적이 온전하게 세상에 전해지게 되었습니다.

소태산의 수제자 정산鼎山 종사는 "정전은 교리의 원강을 밝혀 주신 '원元'의 경전이요, 대종경은 두루 통달케 하여 주신 '통通'의 경전이라"고 설한 바 있습니다. 원리적인 가르침을 압축해놓은 『정전』의 이해를 도와주는 필독 경전이라고 할 수 있습니다.

『대종경』은 별다른 해석이나 주석 없이 그냥 쉽게 읽을 수 있는 경전입니다. 하지만 요즘 사람들에게는 낯선 한자 용어에 대한 설명이나 내용 이해를 돕는 부연 설명이 경전 읽기에 도움이 될 수도 있겠다는 생각으로 이 책을 집필하게 되었습니다.

또한 이 책은 『대종경』을 처음 공부하는 이들이 좀 더 쉽게 내용을 파악하도록 돕기 위해서 기획되었습니다. 그런 이유로 첫째, 『대종경』 원문의 문장을 새롭게 편집했습니다. 기본적인 편집 방식에서 벗어나 문단을 왼쪽 정렬로 하고 필자 임의로 문단 나누기, 문장 나누기, 띄어쓰기했습니다. 둘째, 어려운 용어들은 사전적 풀이를 요약해서 원문 아래에 각주를 달았습니다. 셋째, 원문에 대한 필자의 부연 설명을 시도했습니다. 이 내용들은 매우 주관적인 해석이라는 한계를 갖고 있습니다. 다른 참고 교재들을 충분히 참고할 것을 권장합니다. 넷째, 경전 내용의 실생활 활용에 방점을 둔 질문들을 해보았습니다. 경전의 내용 파악을 돕기 위한 질문들도 있지만 자신의 삶을 성찰해야만 응답할 수 있는 질문들도 포함되었습니다. 이에 대한 대답은 독자마다 다를 것이고 독자들의 공부 정도에 따라서도 달라질 것입니다. 특정한 정답보다는 최선의 답이 필요합니다. 이런 질문에 응답하는 과정에서 공부가 깊어지기를 바랐습니다. 경전 공부가 더 많은 자문자답으로 이어지기를 기대합니다.

이 책은 주로 교화자로서 살아온 필자가 교화자의 관점에서 쓴 교화교재입니다. 여기 담긴 필자의 견해는 교단의 공식적 견해와는 무관합니다. 현명한 독자들께서 이런 점들을 감안하여 공부의 한 방편으로 활용해주시길 바랍니다. 부족하거나 틀린 내용에 대해서는 여러분들의 가르침을 기다리겠습니다. 아무쪼록 이 작은 책이 주세불 소태산 대종사의 심통제자心通弟子가 되는 데 겨자씨만한 도움이라도 되기를 기원합니다. 출판을 도와주신 모든 분들의 은혜에 깊이 감사합니다.

소태산 마음학교 원남교실 경원재에서
원기109년(서기2024) 4월 1일 균산 최정풍 교무 합장

『대종경』 공부를 하기 전에「원불교 교사^{敎史}」일독을 권합니다.『대종경』은 언행록^{言行錄}이지만 관련 상황에 대한 자세한 설명은 생략된 경우가 많습니다. 교사를 읽으면 법문의 전후 상황을 파악하는 데 큰 도움을 받을 수 있습니다.

다음은『대종경^{大宗經}』공부에 도움이 될 만한 대표적인 해설서 및 참고 도서입니다.
『원불교대종경해의』^(한정석, 동아시아, 2001),
『대종경풀이』^(류성태, 원불교출판사, 2005),
『주석 대종경선외록』^(편저 이공전, 주석: 서문성, 원불교출판사, 2017),
『초고로 읽는 대종경』^(고시용, 원불교출판사, 2022),
『원불교교고총간』^(원불교출판사, 1994),
『대종경 강좌 上·下』^(조정중, 배문사, 2017) 등이 있습니다.

법문과 원불교 용어 설명 대부분은
'원불교' 홈페이지 http://won.or.kr/'경전법문집', '원불교대사전' 내용을 인용했습니다. 그 밖에는 '네이버 사전' http://naver.com 에서 인용했습니다.
필자가 쓴 부분은 '필자 주'로 표기했습니다.

'나의 마음공부'란에는 몇 가지 질문을 실었지만 답을 싣지는 않았습니다. '자문자답'이 더 중요하다고 생각했습니다. 답을 찾는 과정이 '교당내왕시 주의사항'을 실천하는 계기가 되기를 기대합니다. 먼저 자력으로 답을 해보고, '교화단'에서 회화도 하고, 교화단장이나 교무 등 지도인과 문답^{問答}·감정^{鑑定}·해오^{解悟}를 하기 좋은 소재가 되기를 기대합니다.

본문의 문체는 최대한 구어체를 사용했습니다. 독자와의 거리감을 줄이려는 노력이지만 전통적인 문법에는 맞지 않을 수 있습니다. 양해를 구합니다.

이 책을 '경전' 훈련을 위한 교재, '자습서' 삼아서 밑줄도 치고 필기도 하면서 편리하게 활용해주시면 감사하겠습니다.

▶ YouTube '소태산 마음학교'에서 대종경 관련 동영상 시청이 가능합니다.

- 이 책은 김광우, 김명선, 김은지, 김태원, 김선중 가족의 후원으로 출판되었습니다. 은혜에 감사합니다.

전망품

展望品

목차

전망품 1장 : 구세 성자가 출현하여   10
전망품 2장 : 도덕의 정맥이 끊어졌다가   16
전망품 3장 : 우리말로 편찬된 경전   24
전망품 4장 : 전 세계에서 이 법을 요구하게 될 것   28
전망품 5장 : 금강이 현세계하니 조선이 갱조선이라   34
전망품 6장 : 금강산의 참 주인   38
전망품 7장 : 철 아는 사람   44
전망품 8장 : 거짓 선생이 참 선생으로   50
전망품 9장 : 낮도깨비   56
전망품 10장: 정도라 하는 것은   62
전망품 11장: 세계 사업자   68
전망품 12장: 아무리 믿지 말라 하여도   76
전망품 13장: 종교계의 장래가 어떻게 되오리까   82
전망품 14장: 예수의 심통 제자   90
전망품 15장: 어둡던 세상이 밝아질 때   98
전망품 16장: 미륵불   104
전망품 17장: 용화회상   110
전망품 18장: 서로서로 생불이 되어   114
전망품 19장: 묵은 세상의 끝 새 세상의 처음   120
전망품 20장: 참 문명 세계   126

전망품 21장: 밝은 해가 솟으려 하는 때   134
전망품 22장: 돌아오는 세상은 슬겁고 밝은 세상   138
전망품 23장: 어변성룡   142
전망품 24장: 돌아오는 세상 사람들은   146
전망품 25장: 종교 단체에서는   150
전망품 26장: 동리 동리에 교당과 공회당   154
전망품 27장: 직업 소개소 혼인 소개소   160
전망품 28장: 부모의 유산   166
전망품 29장: 함께 즐기게 되리라   170
전망품 30장: 그 운이 한량없나니라   174

대종사 말씀하시기를
[세상이 말세가 되고 험난한 때를 당하면
반드시 한 세상을 주장할 만한 법을 가진 구세 성자救世聖者가 출현하여
능히 천지 기운을 돌려 그 세상을 바로잡고 그 인심을 골라 놓나니라.]

『대종경』「전망품」1장

• **전망**展望 : 넓고 먼 곳을 멀리 바라봄. 또는 멀리 내다보이는 경치. 앞날을 헤아려 내다봄. 또는 내다보이는 장래의 상황.

구세 성자救世聖者가 출현하여 | 풀이 |

대종사 말씀하시기를
[세상이 말세가 되고 험난한 때를 당하면

구세 성자님들은 '세상이 말세가 되고 험난한 때를 당하면' 출현하십니다.
소태산 대종사님께서 『정전』 「개교의 동기」에서
'현하 과학의 문명이 발달됨에 따라 물질을 사용하여야 할 사람의 정신은 점점 쇠약하고, 사람이 사용하여야 할 물질의 세력은 날로 융성하여, 쇠약한 그 정신을 항복 받아 물질의 지배를 받게 하므로, 모든 사람이 도리어 저 물질의 노예 생활을 면하지 못하게 되었으니, 그 생활에 어찌 파란 고해波瀾苦海가 없으리요.'라고 진단하신 내용이 바로 '세상이 말세가 되고 험난한 때'인 증거입니다.

『정전』 「법률은」 '법률 피은의 조목'에서
'1. 때를 따라 성자들이 출현하여 종교와 도덕으로써 우리에게 정로正路를 밟게 하여 주심이요.'라고 말씀하신 바와 같이 아무 때나 구세 성자가 오시는 것이 아니라
'때를 따라 성자들이 출현'하시는 것입니다.

대종사님은 「불지품」 23장에서
"불보살들은 이 천지를 편안히 살고 가는 안주처를 삼기도 하고, 일을 하고 가는 사업장을 삼기도 하며, 유유자재하게 놀고 가는 유희장을 삼기도 하나니라." 라고 말씀하셨으니 구세 성자님들은 이 천지를 '안주처'나 '유희장'으로 삼은 분들이 아니라 '사업장' 삼는 분들인 것입니다.

반드시 한 세상을 주장할 만한 법을 가진 구세 성자救世聖者가 출현하여

'세상이 말세가 되고 험난한 때를 당하면',
'구세 성자가 출현'하는데,
대종사님은 '반드시'라는 수식어를 붙이셨습니다.
'파란고해의 일체 생령'에게는 엄청난 희망이 아닐 수 없습니다.

구세 성자는 구세 교법을 만드십니다.
구세救世 할 만한 법이 있어야 구세를 할 수 있기 때문입니다.
『정전』「법률은」'법률 피은의 조목'에서
'1. 때를 따라 성자들이 출현하여 종교와 도덕으로써 우리에게 정로正路를 밟게 하여 주심이요.'라고 말씀하신 '종교와 도덕'이 바로 '한 세상을 주장할 만한 법'입니다.

'세상이 말세가 되고 험난한 때를 당하면'이라는 말씀에서
'말세'와 '험난한 때'의 시기와 내용은 과거와 다른 현재 이후의 시기를 의미하고
과거와는 다른 '험난'을 의미합니다.
세상은 계속해서 새로운 위기를 맞이하고 중생들은 새로운 고통에 허덕이게 됩니다.
따라서 이 새로운 위기를 극복하기 위해서 오시는 성자님들의 방편인 '법', '교법'도 새로워야 합니다.
과거의 법, 과거의 교법, 과거의 종교, 과거의 도덕으로는
새로운 '말세', 새로운 '험난'함, 새로운 '파란고해'를 극복하기 어렵기 때문입니다.

『정전』「개교의 동기」에서 말씀하신 '진리적 종교의 신앙과 사실적 도덕의 훈련'이 바로
'한 세상을 주장할 만한 법'을 의미합니다.
소태산 대종사님께서 '장차 회상을 열 때에도 불법으로 주체를 삼아 완전무결한 큰 회상을 이 세상에 건설하리라.' -「서품」2장 라고 하시면서도,
'부처님의 무상 대도에는 변함이 없으나 부분적인 교리와 제도는 이를 혁신하여, 소수인의 불교를 대중의 불교로, 편벽된 수행을 원만한 수행으로 돌리자는 것이니라.' -「서품」16장 라고 불교 혁신 의지의 방향을 피력하신 바와 일맥상통합니다.

인류사에 출현했던 모든 구세 성자들은 모두 새로운 교법을 제시하셨습니다.
인류가 직면했던 고통과 위기의 내용이 변했기 때문에 그에 대응하는 교법도 혁신해야만 했던 것입니다.

소태산 대종사님께서 새롭게 드러낸 '일원의 진리'와 '인생의 요도'-'사은 사요', '공부의 요도'-'삼학 팔조'는 새로운 국면의 위기에 빠져서 고통받는 일체 생령들을 구제할 대종사님의 '진리적 종교의 신앙과 사실적 도덕의 훈련'의 구체적 내용인 것입니다.
'공부의 요도는 의사가 환자를 치료하는 의술과 같고, 인생의 요도는 환자를 치료하는 약재와 같나니라.'라는 「인생의 요도와 공부의 요도」의 말씀과 같이 제생의세濟生醫世를 위한 의술과 약재가 바로 대종사님의 새로운 교법인 것입니다.

능히 천지 기운을 돌려 그 세상을 바로잡고 그 인심을 골라 놓나니라.]

대종사님은 새로운 교법의 핵심으로 '사은'의 신앙 강령을 제시하면서
'천지은'을 그 첫 번째로 삼으셨습니다.
최초의 구인 단원들과 기도하실 때도 '그대들도 이 때를 당하여 전일한 마음과 지극한 정성으로 모든 사람의 정신이 물질에 끌리지 아니하고 물질을 사용하는 사람이 되어주기를 천지에 기도하여 천의에 감동이 있게 하여 볼지어다.'-「서품」13장 라고 하셨고, 마침내 '천지 신명'-「서품」13장 의 감응을 받습니다.
또한 '천지 만물의 본원' - 「교의품」3장 으로서의 '일원상'을 신앙의 대상으로 모십니다.
'천지 만물 허공 법계가 다 부처 아님이 없나니'라고 하시며 처처불상 사사불공의 가르침을 펴십니다.
일견 막연한 표현일 수 있는 '천지 기운'이라는 개념이 대종사님 교법 안에서는
일관되게 구체화 되고 있음을 알 수 있습니다.
'천지 기운'을 어떻게 체받는지,
'천지 기운'을 어떻게 '돌려야' 할 것인지,
'천지 기운'을 체받고 돌리기 위한 교법과 실행 방법까지 깨달아 아시고
준비하고 현실화하신 분이 소태산 대종사님입니다.

전망품

대종사님은 「신성품」 19장에서
'주세(主世)의 성인들은 천지의 대운을 타고 나오는지라'라고 말씀하셨습니다.
또한 '불교는 장차 세계적 주교가 될 것이니라.' - 「서품」15장 라고 확언하십니다.
일단 불교를 '한 세상을 주장할 만한 법'으로 보신 것입니다.
다만, '미래의 불법은 재래와 같은 제도의 불법이 아니'라고 하시며,
교리와 제도를 혁신한 불교를 주세 교법으로 삼아
'능히 천지 기운을 돌려' 놓고,
'그 세상을 바로잡고',
'그 인심을 골라 놓'으려고 하신 것입니다.

정산 종사님은 '아직도 대종사를 참으로 아는 이가 많지 않으나 앞으로 세상이 발달하면 할수록 대종사께서 새 주세불이심을 세상이 고루 인증하게 되리라.' - 「기연편」11장
라고 말씀하시며 대종사님을 '새 주세불'로 선언하셨습니다.

또한 "김 대거와 시자에게 말씀하시기를 [이 시대는 개벽 시대요 교역 시대라, 모든 것이 교역되고 융통되나니, 우리의 경전 가운데 그 범위가 혹 지역이나 종파에 국한된 듯 해석될 부분은 이 시기에 잘 정리하여 대종사의 근본 성지를 남음 없이 드러내고 주세 경전의 존엄에 조금도 손됨이 없게 하라. 그 대체는 이미 다 정해 있으니, 더 드러낼 데는 드러내고 그대로 둘 데는 두되, 사은 사요와 삼학 팔조만 잘 드러나면 만고 대법이니라.' - 「유촉편」2장 라는 말씀으로 대종사님의 교법이 주세 교법이요 그 경전이 '주세 경전'임을 천명하셨습니다.
소태산 대종사님이 '구세 성자'이시고 대종사님의 교법이 '구세 교법'임을 밝힌 것입니다.
정산 종사님 예상대로 '세상이 발달하면 할수록' 세상의 고통을 치유하는 데 대종사님의 교법이 가장 유용하다는 것이 입증될 때 대종사님의 교법이 널리 퍼지고,
그 교법의 주인인 소태산 대종사님을 새 주세불, 구세 성자로 알아보게 될 것입니다.

나의 마음공부

- 나는 이 세상이 '말세가 되고 험난한 때'라고 생각하나요?

- 나는 원불교 교법이 '한 세상을 주장할 만한 법'이라고 생각하나요?

- 나는 소태산 대종사님이 '구세 성자'라고 생각하나요?

- '인심을 골라 놓'는 공부는 무엇일까요?

- 어떻게 '천지 기운을 돌려 그 세상을 바로잡'을 수 있을까요?

2

대종사 대각하신 후 많은 가사歌詞와 한시漢詩를 읊어 내시사
그것을 수록하시어 "법의대전法義大全"이라 이름하시니,
그 뜻이 심히 신비하여 보통 지견으로는 가히 이해하기 어려우나,
그 대강은 곧 도덕의 정맥正脈이 끊어졌다가 다시 난다는 것과
세계의 대세가 역수逆數가 지내면 순수順數가 온다는 것과
장차 회상 건설의 계획 등을 말씀하신 것이었는데,
그 후 친히 그것을 불사르사 세상에 다시 전하지 못하게 하셨으나
"개자태극 조판으로 원천이 강림어선절후계지심야
盖自太極肇判元天降臨於先絶後繼之心也"라고 한 서문 첫 절과
다음의 한시 열 한 귀가 구송口誦으로 전해지니라.

만학천봉답래후 萬壑千峰踏來後
무속무적주인봉 無俗無跡主人逢

야초점장우로은 野草漸長雨露恩
천지회운정심대 天地回運正心待

시사일광창천중 矢射日光蒼天中
기혈오운강신요 其穴五雲降身繞

승운선자경처심 乘雲仙子景處尋
만화방창제일호 萬和方暢第一好

만리장강세의요 萬里長江世意繞

도원산수음양조 道源山水陰陽調

호남공중하처운 湖南空中何處云
천하강산제일루 天下江山第一樓

천지방척척수량 天地方尺尺數量
인명의복활조전 人名衣服活造傳

천지만물포태성 天地萬物胞胎成
일월일점자오조 日月一點子午調

방풍공중천지명 放風空中天地鳴
괘월동방만국명 掛月東方萬國明

풍우상설과거후 風雨霜雪過去後
일시화발만세춘 一時花發萬歲春

연도심수천봉월 研道心秀千峰月
수덕신여만곡주 修德身如萬斛舟

『대종경』 「전망품」 2장

- **법의대전 法義大全** : 소태산 대종사의 대각(1916) 후 구술한 가사歌辭와 한시漢詩를 엮은 책. 소태산은 대각한 심경과 그 지견으로 내다 본 세계상에 대하여 많은 글을 읊으면서 김광선에게 붓을 잡아 기록하게 하여 『법의대전』이라 이름 붙였다. 1920년(원기5)에 이르러 불에 태워 파기했으며, 현재는 후인들이 외우고 있던 내용 일부가 전한다. 원불교의 초기교서는 1927년(원기12)에 발간된 『수양연구요론修養研究要論』이 효시이며, 이전을 흔히 소태산의 대각에 의한 구세경륜救世經綸을 구두로 설한 구술시대로 불린다. 이 구술시대에도 많은 시가와 교설이 베풀어졌으며 『백일소白日嘯』·『심적편心迹篇』·『감응편感應篇』 등이 전하고, 1919년(원기4) 이후의 봉래산 주석기에 있어서도 『회성곡回性曲』 등 다양한 소태산 친찬 가사가 전한다. 『법의대전』은 구술시대를 대표하는 작품이라 할 수 있다.

도덕의 정맥正脈이 끊어졌다가 | 풀이 |

대종사 대각하신 후 많은 가사歌詞와 한시漢詩를 읊어 내시사
그것을 수록하시어 "법의 대전法義大全"이라 이름하시니,

소태산 대종사님께서 대각하신 기쁨은 형언하기 힘들 정도였을 것이고,
대각의 내용을 대중들에게 전하고 싶은 마음 또한 간절했을 것입니다.
흔히 선사들의 오도송悟道頌이 전해져 오는 것도 같은 맥락입니다.
대각 이후 깨달음에 벅찬 심경이 격하게 발산될 때
이를 '가사'와 '한시'의 형식을 빌어 언어로 표현한 것이 『법의대전』입니다.
『원불교 교사』에 의하면 대종사님은 구술하시고 제자 김광선이 기록했답니다.

그 뜻이 심히 신비하여 보통 지견으로는 가히 이해하기 어려우나,
그 대강은 곧 도덕의 정맥正脈이 끊어졌다가 다시 난다는 것과
세계의 대세가 역수逆數가 지내면 순수順數가 온다는 것과
장차 회상 건설의 계획 등을 말씀하신 것이었는데,
그 후 친히 그것을 불사르사 세상에 다시 전하지 못하게 하셨으나

『원불교 교사』는 이 내용에 더해서,
'단원들은 『법의대전』을 재미있게 읊고 노래하여, 그 신심 고취에 큰 자료가 되었으나, 이는 한때의 발심 조흥은 될지언정 많은 사람을 제도할 정식 교서는 아니라 하여, 후일 봉래산에서 새 교강敎綱 발표 후 거두어 불사르게 하심으로써, 서문 첫 절과 11귀의 한시에 구송口誦으로 전하여 『대종경』「전망품」 2장에 수록되었을 뿐, 세상에 전하지 못하게 되었다.'라고 기록하고 있습니다.
대종사님은 『법의대전』이 제생의세의 구세 경륜과 이를 실현하기 위한 교법 내용과 체계를 제대로 갖추지 못했다고 판단하셨던 것 같습니다.

『법의대전』의 유효기간을 '새 교강' 발표하기 전까지 만으로 한정했습니다.

"개자태극 조판으로 원천이 강림어선절후계지심야
盖自太極肇判元天降臨於先絶後繼之心也"라고 한 서문 첫 절과
다음의 한시 열 한 귀가 구송口誦으로 전해지니라.

盖自太極肇判元天降臨於先絶後繼之心也의 해석은
한정석 교수의 『원불교 대종경 해의』(동아시아, 2001)에 의하면
'대개 태극의 시작으로부터 근원의 하늘이 먼저 끊어지고
뒤를 이은(후천개벽) 마음에 강림한다.' 입니다.

다음 11귀의 해석도 한정석의 『원불교 대종경 해의』 해석을 인용합니다.

만학천봉답래후 萬壑千峰踏來後
무속무적주인봉 無俗無跡主人逢

'만구렁 천봉우리를 밟아온 후에
속俗도 없고 흔적도 없는 주인을 만났더라.'

야초점장우로은 野草漸長雨露恩
천지회운정심대 天地回運正心待

'들풀이 자라는 것은 비 이슬의 은혜이며
천지의 큰 운이 돌아오니 바른 마음으로 기다린다.'

시사일광창천중 矢射日光蒼天中
기혈오운강신요 其穴五雲降身繞

전망품

'활로 푸른 하늘을 쏘니
그 구멍에서 오색 구름이 내려와 몸을 휘감는다.'

승운선자경처심 乘雲仙子景處尋
만화방창제일호 萬和方暢第一好

'구름을 탄 신선이 경치 좋은 곳을 찾았으니
만방이 화창하여 최고의 경지로다.'

만리장강세의요 萬里長江世意繞
도원산수음양조 道源山水陰陽調

'만리 장강에는 세상 뜻이 깃들어 있고
도는 산수를 근원해 음양으로 고르더라.'

호남공중하처운 湖南空中何處云
천하강산제일루 天下江山第一樓

'호남 땅이 어느 곳을 이름이더냐
천하 강산의 으뜸이어라.'

천지방척척수량 天地方尺尺數量
인명의복활조전 人名衣服活造傳

'천지 사방의 넓이를 수량으로 재어보고
사람 따라 의복을 지어 살게 전하더라.'

천지만물포태성 天地萬物胞胎成
일월일점자오조 日月一點子午調

'천지만물은 한 포태로 이루어졌고
태양과 달의 한 점이 밤과 낮, 북과 남을 고르더라.'

방풍공중천지명 放風空中天地鳴
괘월동방만국명 掛月東方萬國明

'공중에 바람을 놓으니 천지가 울리고
동방에 달이 떠오르니 만국이 밝다.'

풍우상설과거후 風雨霜雪過去後
일시화발만세춘 一時花發萬歲春

'비바람이 지낸 뒤
일시에 꽃이 피어 만세의 봄이 된다.'

연도심수천봉월 研道心秀千峰月
수덕신여만곡주 修德身如萬斛舟

'도로 단련한 마음은 천봉우리의 달보다 빼어나고
덕을 닦은 몸은 만섬 실은 배와 같다.'

시를 음미하고 뜻을 새겨보는 일은 각자의 몫으로 돌립니다.
이 한시 법문에 대해서 대산 종사님의 해석과 부연이 『대산종사법문집 제5집』
「제1부 무한동력」 편에 실려있습니다. 참고하시면 공부에 큰 도움이 될 것입니다.

나의 마음공부

• '도덕의 정맥正脈이 끊어졌다가 다시 난다는 것'의 의미가 무엇일까요?

• 나는 어떻게 '도덕의 정맥'을 이어가야 할까요?

- '세계의 대세가 역수逆數가 지내면 순수順數가 온다는 것'을 믿나요?

- 나는 '순수順數'의 시대를 맞이해서 어떻게 살아야 할까요?

한 제자 한문 지식만을 중히 여기는지라, 대종사 말씀하시기를
[도덕은 원래 문자 여하에 매인 것이 아니니 그대는 이제 그 생각을 놓으라.
앞으로는 모든 경전을 일반 대중이 두루 알 수 있는
쉬운 말로 편찬하여야 할 것이며,
우리말로 편찬된 경전을 세계 사람들이 서로 번역하고 배우는 날이
멀지 아니할 것이니,
그대는 어려운 한문만 숭상하지 말라.]

『대종경』「전망품」3장

우리말로 편찬된 경전　　| 풀이 |

한 제자 한문 지식만을 중히 여기는지라, 대종사 말씀하시기를

한글이 창제된 지가 오래되었으나
소태산 대종사님 재세시에도 한문이 숭상되고 한글은 낮춰보던 세태였습니다.
그런 세태에 한글로 경전을 편찬하는 것에 대한 제자의 걱정에 대해
대종사님께서 답하십니다.

[도덕은 원래 문자 여하에 매인 것이 아니니 그대는 이제 그 생각을 놓으라.

문자는 도덕의 도구일 뿐입니다.
'불립문자不立文字'라는 말도 문자의 한계를 말하고 있습니다.
대종사님은 하나의 진리를 깨달아 전하셨습니다.
대종사님의 도덕을 어떤 문자로 표현하느냐는 도덕의 본질적 문제가 아닙니다.

앞으로는 모든 경전을 일반 대중이 두루 알 수 있는
쉬운 말로 편찬하여야 할 것이며,

문자적 표현의 문제에 얽매일 필요는 없다고 하십니다만,
이왕이면 '대중이 두루 알 수 있는 쉬운 말로' 편찬하자고 말씀하십니다.
그 당시로 보자면 이런 '쉬운 말'은 바로 '한글'이었습니다.
모든 사람들에게 쉽게 '진리적 종교의 신앙과 사실적 도덕의 훈련'을 보급하려는
대종사님에게는 대중들이 쉽게 이해할 수 있는 언어가 필요했습니다.
특정 계층의 사람들만 이해할 수 있는 어려운 말, 문자를 쓸 이유가 없습니다.
'말'이 쉬워야 '도덕'과 '진리'의 전달이 쉽기 때문입니다.

전망품

우리말로 편찬된 경전을 세계 사람들이 서로 번역하고 배우는 날이
멀지 아니할 것이니,

오히려 시간이 흐를수록 우리 경전을 세계인들이 자기 말로 번역할 것이라고 전망하십니다.
현재 시점에서 보자면 이 말씀은 현실이 되었습니다.
현재 원불교 교전은 이미 여러 나라의 언어로 번역되어 읽히고 있습니다.
내용을 높게 평가받는 경전은 '세계 사람들이 서로 번역하고 배우'고 있습니다.

그대는 어려운 한문만 숭상하지 말라.]

이런 대종사님의 뜻을 알고나면 자연히 '한문만 숭상'하는 행동이
얼마나 어리석은 일인지 깨닫게 됩니다.
이미 세상은 대종사님 전망대로 변화했고
한문을 상용했던 나라들은 한문의 한계로부터 벗어나려고 노력하고 있습니다.
현시점에서는 이미 '어려운 한문만 숭상'할 이유가 사라져버렸습니다.

나의 마음공부

- 나는 혹시 한문 경전이나 외국어 경전을 더 중하게 여기지 않나요?

- '도덕은 원래 문자 여하에 매인 것'이 아님을 언제 어떻게 알게 되었나요?

- 나는 우리 경전 내용을 사람들에게 쉽게 설명해줄 수 있나요?

- 경전을 '쉬운 말'로 편찬해야 할 이유는 무엇일까요?

4

대종사 익산(益山)에 총부를 처음 건설하실 제
몇 간의 초가에서 많지 못한 제자들에게 물으시기를
[지금 우리 회상이 무엇과 같은가 비유하여 보라.]
권대호(權大鎬) 사뢰기를 [못자리 판과 같나이다.]
다시 물으시기를 [어찌하여 그러한고.]
대호 사뢰기를 [우리 회상이 지금은 이러한 작은 집에서
몇십 명만 이 법을 받들고 즐기오나
이것이 근본이 되어 장차 온 세계에 이 법이 편만할 것이기 때문이옵니다.]
대종사 말씀하시기를
[네 말이 옳다. 저 넓은 들의 농사도 좁은 못자리의 모 농사로 비롯한 것 같이
지금의 우리가 장차 세계적 큰 회상의 조상으로 드러나리라.
이 말을 듣고 웃을 사람도 있을 것이나,
앞으로 제 일대만 지내도 이 법을 갈망하고 요구하는 사람이 많아질 것이며,
몇십 년 후에는 국내에서 이 법을 요구하게 되고,
몇백 년 후에는 전 세계에서 이 법을 요구하게 될 것이니,
이렇게 될 때에는 나를 보지 못한 것을 한하는 사람이 수가 없을 뿐 아니라,
지금 그대들 백 명 안에 든 사람은 물론이요
제 일대 창립 한도 안에 참례한 사람들까지도 한없이 부러워하고 숭배함을 받으리라.]

『대종경』「전망품」4장

전 세계에서 이 법을 요구하게 될 것 　|풀이|

대종사 익산益山에 총부를 처음 건설하실 제
몇 간의 초가에서 많지 못한 제자들에게 물으시기를
[지금 우리 회상이 무엇과 같은가 비유하여 보라.]
권대호權大鎬 사뢰기를 [못자리 판과 같나이다.]
다시 물으시기를 [어찌하여 그러한고.]
대호 사뢰기를 [우리 회상이 지금은 이러한 작은 집에서
몇십 명만 이 법을 받들고 즐기오나
이것이 근본이 되어 장차 온 세계에 이 법이 편만할 것이기 때문이옵니다.]

소태산 대종사님은 가진 것 없는 상태에서 새 회상 건설을 시작했습니다.
시작은 미미했고 함께한 제자들의 고생은 심했습니다.
자칫하면 회상 건설의 원대한 희망과 목적이 흐려질 수도 있는 상황이었습니다.
대종사님은 이런 제자들에게 늘 회상 건설의 목적을 상기시켜주시고
회상의 빛나는 미래에 대해서 말씀해주셨습니다.
이 법문에서도 교단의 미래에 대한 원대한 전망을 말씀하시고자
제자와 문답을 하십니다.
회상을 '못자리 판'에 비유한 제자의 말을 대종사님은 흔쾌히 받아들이십니다.
그리고 제자의 설명에 말씀을 더하십니다.

대종사 말씀하시기를
[네 말이 옳다. 저 넓은 들의 농사도 좁은 못자리의 모 농사로 비롯한 것 같이
지금의 우리가 장차 세계적 큰 회상의 조상으로 드러나리라.

'좁은 못자리'의 여리고 작은 '모'가 '저 넓은 들의 농사'로 발전하듯이

몇몇 사람들의 작은 회상이 '세계적 큰 회상'으로 발전할 것을 전망하십니다.
대종사님의 원대한 꿈과 강한 자부심을 읽을 수 있습니다.

이 말을 듣고 웃을 사람도 있을 것이나,

영산에서 대종사님과 구인 제자들이 방언공사를 할 때 사람들이 비웃었습니다.
몇 사람에 불과한 작은 단체의 수장인 대종사의 '세계적 큰 회상'이라는 발언도
마찬가지로 비웃음을 살만한 발언입니다.
하지만 대종사님은 '웃을 사람도 있을 것'을 예상하시며 이 전망을 하신 것입니다.
확신에 바탕한 전망임을 알 수 있습니다.

앞으로 제 일대만 지내도 이 법을 갈망하고 요구하는 사람이 많아질 것이며,
몇십 년 후에는 국내에서 이 법을 요구하게 되고,
몇백 년 후에는 전 세계에서 이 법을 요구하게 될 것이니,

교세의 확산과 사람들의 인심을 전망하십니다.
여기서 '일대一代'란 교단의 창립 한도인 '36년'의 기간을 의미합니다.
즉, 시간의 경과에 따라 '이 법을 갈망하고 요구하는 사람이 많아질 것'을
말씀하신 것입니다.

이 법문과 관련해서 정산 종사님은 이런 말씀을 하셨습니다.
"대종사께서 우리 회상 초창 당시에 친히 구술하신 가사 가운데 '사오십 년 결실結實이요, 사오백 년 결복結福이라'고 하신 말씀이 있었나니, 이는 우리 회상의 전도를 예언하심이니라. 결실이라 함은 새 회상의 법종자가 이 국토에서는 분명한 결과를 보게 될 것을 의미함이요, 결복이라 함은 그 법종자가 세계에 널리 전파되어 온 세상에 고루 복과福果를 맺게 될 것을 의미함이니, 우리 회상은 창립 사오십 년대 안에 이 나라에서 완실한 결과를 볼 것이요, 사오백 년대 안에 온 세계에 편만하여 일체 생령의 한 가지 귀의하는 바가 되리라." - 『정산종사법어』 「도운편」 1장

이렇게 될 때에는 나를 보지 못한 것을 한하는 사람이 수가 없을 뿐 아니라,

'이 법을 요구하는' 사람들이 세계적으로 많아진다면
자연히 '이 법'을 만들 인물에 대한 존숭이 이어질 것입니다.

지금 그대들 백 명 안에 든 사람은 물론이요
제 일대 창립 한도 안에 참례한 사람들까지도 한없이 부러워하고 숭배함을 받으리라.]

당시로서는 믿기 힘든 희망적 전망을 직접 대종사님 음성을 통해 들었을
제자들의 심정이 어땠을지 궁금합니다.

나의 마음공부

• 대종사님께서 이렇게 회상의 미래를 밝게 전망하실 수 있는 이유는 무엇일까요?

• 왜 '이 법을 갈망하고 요구하는 사람이 많아질'까요?

- 나는 충분히 '이 법을 받들고 즐기'고 있나요?

- 나는 언제쯤 '온 세계에 이 법이 편만할 것'으로 예상하나요?

대종사 금강산을 유람하고 돌아오시어
"금강이 현세계金剛現世界하니 조선이 갱조선朝鮮更朝鮮이라"는 글귀를
대중에게 일러 주시며 말씀하시기를
〔금강산은 천하의 명산이라 멀지 않은 장래에 세계의 공원으로 지정되어
각국이 서로 찬란하게 장식할 날이 있을 것이며,
그런 뒤에는 세계 사람들이 서로 다투어 그 산의 주인을 찾을 것이니,
주인될 사람이 미리 준비해 놓은 것이 없으면 무엇으로 오는 손님을 대접하리요.〕

『대종경』「전망품」5장

금강이 현세계하니 조선이 갱조선이라 | 풀이 |

대종사 금강산을 유람하고 돌아오시어
"금강이 현세계金剛現世界하니 조선이 갱조선朝鮮更朝鮮이라"는 글귀를
대중에게 일러 주시며 말씀하시기를

소태산 대종사님께서 원기15년(서기1930년) 이공주, 이동진화 등과
금강산을 유람하고 돌아오셔서 하신 법문입니다.

'金剛現世界 朝鮮更朝鮮'
즉, '금강이 세계에 드러나니 조선이 다시 조선이라.'라는 뜻의 글입니다.
여기서 금강은 금강산과 자성自性 금강을 함께 의미하는 표현이라고 할 수 있습니다.
조선은 새로운 조선으로 거듭날 것이라는 뜻입니다.
나라를 잃은 시대의 암울함과 절망감을 단숨에 날려버리는 듯한 말씀입니다.
이 나라의 진면목이 아직 드러나지 않았음을 알리고
금강산과 금강 불성의 진면목 또한 아직 제대로 드러나지 않았음을
중의적으로 설하십니다.
이 법문을 듣는 사람들로 하여금
새로운 조선, 새로운 금강의 드러남을 기대하게 합니다.

[금강산은 천하의 명산이라 멀지 않은 장래에 세계의 공원으로 지정되어
각국이 서로 찬란하게 장식할 날이 있을 것이며,
그런 뒤에는 세계 사람들이 서로 다투어 그 산의 주인을 찾을 것이니,
주인될 사람이 미리 준비해 놓은 것이 없으면 무엇으로 오는 손님을 대접하리요.]

명산名山으로서의 금강산이 세상에 드러날 것을 예상하시며,

'그 산의 주인'을 세계 사람들이 찾을 것이라는 범상치 않은 전망을 하십니다.
주인이라면 '미리 준비' 하라고 말씀하십니다.

외형적으로 아름다운 명산으로서의 금강산에 사람들이 찾아올 것이지만,
뭔가 정신적으로 준비를 해야 할 것이라는 뜻을 암시하는 듯한 법문입니다.
대종사님의 속내는 이어지는 다른 법문들에서 드러납니다.

일제 치하에서 자칫 무력감과 절망감에 빠지기 쉬운 암울한 시대에
대종사님은 금강산을 드러내시면서 믿기 힘들 정도의 희망적인 전망을 보여주십니다.
미래에 다가올 밝은 변화를 미리 준비하자는 큰 희망과 격려의 말씀입니다.

나의 마음공부

• 금강산의 주인이 의미하는 것은 무엇일까요?

• 왜 '세계 사람들이 서로 다투어 그 산의 주인을 찾을'까요?

• 대종사님께서 전망하시는 '갱조선'은 어떤 나라일까요?

• 내가 '미리 준비해'야 할 것은 무엇인가요?

6

대종사 개교開敎 기념일을 당하여 대중에게 말씀하시기를
[우리에게 큰 보물 하나가 있으니 그것은 곧 금강산이라
이 나라는 반드시 금강산으로 인하여 세계에 드러날 것이요,
금강산은 반드시 그 주인으로 인하여 더욱 빛나서,
이 나라와 금강산과 그 주인은 서로 떠날 수 없는 인연으로
다 같이 세계의 빛이 되리라.

그런즉, 그대들은 우리의 현상을 비관하지 말고
세계가 금강산의 참 주인을 찾을 때에
우리 여기 있다 할 자격을 갖추기에 공을 쌓으라.
금강산의 주인은 금강산 같은 인품을 조성해야 할 것이니
닦아서 밝히면 그 광명을 얻으리라.
금강산 같이 되기로 하면 금강산 같이 순실하여 순연한 본래 면목을 잃지 말며,
금강산 같이 정중하여 각자의 본분사本分事에 전일하며
금강산 같이 견고하여 신성과 의지를 변하지 말라.
그러하면, 산은 체體가 되고 사람은 용用이 될지라,
체는 정하고 용은 동하나니 산은 그대로 있으되 능히 그 체가 되려니와
사람은 잘 활용하여야 그 용이 될 것이니,
그대들은 어서어서 부처님의 무상 대도를 연마하여
세계의 모든 산 가운데 금강산이 드러나듯 모든 사람 가운데 환영받는 사람이 되며,
모든 교회 가운데 모범적 교회가 되게 하라.
그러하면 강산과 사람이 아울러 찬란한 광채를 발휘하리라.]

『대종경』「전망품」 6장

금강산의 참 주인 | 풀이 |

대종사 개교開敎 기념일을 당하여 대중에게 말씀하시기를
[우리에게 큰 보물 하나가 있으니 그것은 곧 금강산이라
이 나라는 반드시 금강산으로 인하여 세계에 드러날 것이요,
금강산은 반드시 그 주인으로 인하여 더욱 빛나서,
이 나라와 금강산과 그 주인은 서로 떠날 수 없는 인연으로
다 같이 세계의 빛이 되리라.

소태산 대종사님께서 '금강산'을 '큰 보물'이라고 말씀하십니다.
그리고 '반드시 금강산으로 인하여 세계에 드러날 것'이라고 전망하십니다.
여기에 덧붙여 '그 주인으로 인하여 더욱 빛나서',
'세계의 빛'이 될 것이라고 전망하십니다.
'그 주인'의 역할이 매우 중요하다는 의미를 읽을 수 있습니다.

그런즉, 그대들은 우리의 현상을 비관하지 말고
세계가 금강산의 참 주인을 찾을 때에
우리 여기 있다 할 자격을 갖추기에 공을 쌓으라.

대종사님은 일제 치하의 굴욕적 상황이라는 '우리의 현상'으로 인해
'비관'에 빠질 수 있는 제자들에게 낙관적 전망을 통해 희망과 용기를 주십니다.
비관하지 말고 '주인'으로서의 '자격'을 갖추는 준비를 하라고 격려하십니다.
「전망품」5장과 같은 맥락의 말씀입니다.
이어지는 말씀은 '금강산'의 '주인'에 대한 내용입니다.

금강산의 주인은 금강산 같은 인품을 조성해야 할 것이니
닦아서 밝히면 그 광명을 얻으리라.

대종사님은 불완전한 인격의 범부 중생을 훈련시켜서
원만한 인격의 부처로 만들려는 사명을 위해 정성을 다하는 부처님입니다.
'금강산'은 천년이 지나도 같은 금강산이지만
사람은 공부와 훈련으로 '닦아서 밝히면', '금강산 같은 인품'을 가질 수 있습니다.
대종사님은 제자들을 그런 '인품'을 가진 '주인'으로 만들려고 하십니다.
그 공부로 세 가지 내용을 제시해주십니다.

금강산 같이 되기로 하면 금강산 같이 순실하여 순연한 본래 면목을 잃지 말며,
금강산 같이 정중하여 각자의 본분사本分事에 전일하며
금강산 같이 견고하여 신성과 의지를 변하지 말라.

첫째는 '순연한 본래 면목을 잃지 말'라고 말씀하십니다.
금강산의 '순실'함을 본받아 그렇게 하라고 알려주십니다.

둘째는 '각자의 본분사本分事에 전일'하라고 말씀하십니다.
금강산의 '정중'함을 본받아 그렇게 하라고 알려주십니다.

셋째는 '신성과 의지를 변하지 말라'라고 말씀하십니다.
금강산의 '견고'함을 본받아 그렇게 하라고 알려주십니다.

그러하면, 산은 체體가 되고 사람은 용用이 될지라,
체는 정하고 용은 동하나니
산은 그대로 있으되 능히 그 체가 되려니와
사람은 잘 활용하여야 그 용이 될 것이니,

대종사님은 체용론을 원용해서 설명을 더하십니다.
금강산을 정靜한 본체로 비유하시고,
사람, 주인을 동動한 작용으로 비유하십니다.

그대들은 어서어서 부처님의 무상 대도를 연마하여
세계의 모든 산 가운데 금강산이 드러나듯
모든 사람 가운데 환영받는 사람이 되며,
모든 교회 가운데 모범적 교회가 되게 하라.
그러하면 강산과 사람이 아울러 찬란한 광채를 발휘하리라.]

금강산에 대한 감상이 미래에 대한 전망으로 이어지고
금강산과 같은 인물이 되라는 말씀으로 전개되고 있습니다.
결국 제자들이 부처님의 인격을 갖추기를 바라시고,
교단도 '모범적 교회'가 되기를 염원하십니다.
법문대로 실행하면 '강산과 사람이 아울러 찬란한 광채를 발휘'할 것이라고
밝게 전망하십니다.

대종사님의 전망은 단순한 희망적 언사에 그치지 않습니다.
반드시 그 핵심에는 사람의 노력이라는 요인이 자리잡고 있습니다.
시간이 흐르면 자연히 이뤄지는 운도론運度論적 전망이 아닙니다.
공부하고 훈련하는 공을 들여서 인격을 진급시켜야 가능한 전망입니다.

나의 마음공부

- '금강산 같은 인품'은 어떤 인품일까요?

- '본래 면목'을 잃지 않으려면 어떤 공부를 해야 할까요?

- '본분사本分事에 전일專一'하려면 어떤 공부를 해야 할까요?

- '신성과 의지를 변하지' 않으려면 어떤 공부를 해야 할까요?

- 나는 '세계가 금강산의 참 주인을 찾을 때에 우리 여기 있다 할 자격'을 얼마나 갖추었나요?

- 나는 '모든 사람 가운데 환영받는 사람'인가요?

7

대종사 전주에 가시니 문정규·박호장朴戶張 등이 와서 뵈옵는지라,
말씀하시기를
[내가 오는 길에 우스운 일을 많이 보았노니,
아침에 어느 곳을 지나는데 날이 이미 밝아서 만물이 다 기동하여 사방이 시끄러우나
어떤 사람은 날이 밝은 줄을 모르고 깊이 잠자고 있으며,
어떤 사람은 찬 바람과 얼음 속에 씨를 뿌리고 있으며,
어떤 사람은 여름옷을 그대로 입고 추위에 못 견디어 떨고 섰더라.] 하시니,
정규가 말씀 뜻을 짐작하고 여쭙기를
[어느 때가 되어야 백주에 잠자는 사람이 잠을 깨어 세상에 나오며,
얼음 속에 씨를 뿌리는 사람과 겨울에 여름옷 입은 사람이
때를 알아 사업을 하겠나이까.]
대종사 말씀하시기를
[그 사람이 지금은 날이 밝은 줄을 모르고 깊이 자고 있으나
밖에서 만물이 기동하는 소리가 오래 가면 반드시 그 잠을 깰 것이요,
잠을 깨어 문을 열어 보면 바로 날 밝은 줄을 알 것이요,
알면 일어나서 사업을 잡을 것이며,

저 얼음 속에 씨를 뿌리는 사람과 겨울에 여름옷을 입은 사람들은
때를 모르고 사업을 하니 반드시 실패할 것이요,
사업에 실패하여 무수한 고통과 곤란을 겪은 후에는
철 아는 사람의 사업하는 것을 보고 제 마음에 깨침이 생겨나서
차차 철 아는 사람이 되리라.]

『대종경』「전망품」7장

- **철** : 규칙적으로 되풀이되는 자연 현상에 따라서 일 년을 구분한 것. 일반적으로 온대 지방은 기온의 차이를 기준으로 하여 봄, 여름, 가을, 겨울의 네 계절로 나누고, 열대 지방에서는 강우량을 기준으로 하여 건기와 우기로 나눈다. 천문학적으로는 춘분, 하지, 추분, 동지로 나눈다. 한 해 가운데서 어떤 일을 하기에 좋은 시기나 때. 알맞은 시절.

철 아는 사람 | 풀이 |

대종사 전주에 가시니 문정규·박호장(朴戶張) 등이 와서 뵈옵는지라,
말씀하시기를
[내가 오는 길에 우스운 일을 많이 보았노니,
아침에 어느 곳을 지나는데 날이 이미 밝아서 만물이 다 기동하여 사방이 시끄러우나
어떤 사람은 날이 밝은 줄을 모르고 깊이 잠자고 있으며,
어떤 사람은 찬 바람과 얼음 속에 씨를 뿌리고 있으며,
어떤 사람은 여름옷을 그대로 입고 추위에 못 견디어 떨고 섰더라.] 하시니,

소태산 대종사님께서 비유 법문을 하십니다.
때에 맞지 않는 일을 하는 사람들을 보시고 답답하고 안타까우셨나 봅니다.
'우스운 일'은 어이없어서 웃음이 나는 일일 것입니다.
'날이 밝은 줄을 모르고 깊이 잠자'는 사람은 나중에 일어나서
아까운 시간을 허비한 것을 후회하게 될 것입니다.
'찬 바람과 얼음 속에 씨를 뿌리'는 사람은 나중에
자신의 노력이 헛고생이었음을 알고 후회할 것입니다.
'여름옷을 그대로 입고 추위에 못 견디어 떨고' 있는 사람은 나중에
괜한 고통을 겪었음을 깨닫고 허탈해할 것입니다.
또는 자신의 준비가 부족해서 고통을 겪게 됨을 깨닫고 후회할 것입니다.
이치에 맞지 않는 행동을 하는 범부 중생들을 보시면서 하도 어이가 없으니
'우스운 일'이라고 말씀하십니다.

정규가 말씀 뜻을 짐작하고 여쭙기를
[어느 때가 되어야 백주에 잠자는 사람이 잠을 깨어 세상에 나오며,
얼음 속에 씨를 뿌리는 사람과 겨울에 여름옷 입은 사람이

때를 알아 사업을 하겠나이까.]

대종사님께서 뭔가 하시고 싶은 말씀이 있음을 알아챈 제자가 질문을 합니다.
보기에 안타까운 어리석은 행태가 언제쯤 그칠 것인지를 여쭙니다.

대종사 말씀하시기를
[그 사람이 지금은 날이 밝은 줄을 모르고 깊이 자고 있으나
밖에서 만물이 기동하는 소리가 오래 가면 반드시 그 잠을 깰 것이요,

대종사님이 보시기에 이 당시 세상은 이미 '날이 밝은' 세상입니다.
후천 개벽의 시대가 왔다고 보셨습니다.
새로운 때가 왔는데도 '깊이 자고' 있다면 큰 시운을 탈 수 없습니다.
결국 잠든 사람들도 언젠가 '만물이 기동하는 소리' 때문에 잠에서 깰 것입니다.

잠을 깨어 문을 열어 보면 바로 날 밝은 줄을 알 것이요,
알면 일어나서 사업을 잡을 것이며,

여기서 '잠'이란 무지, 게으름, 혼미함, 깨닫지 못함을 의미한다고 볼 수 있습니다.
내 마음의 문을 열어야 '날 밝은 줄을 알 것' 입니다.
그때야 비로소 해야 할 일, 즉 '사업'을 할 것입니다.
제대로 깬 사람들은 제생의세의 공도 사업을 할 것입니다.

저 얼음 속에 씨를 뿌리는 사람과 겨울에 여름옷을 입은 사람들은
때를 모르고 사업을 하니 반드시 실패할 것이요,

'인과보응되는 이치'를 깨달으신 대종사님으로선
'얼음 속에 씨를 뿌리는 사람'의 실패를 이미 알고 계십니다.
'때'을 정확히 아시기 때문입니다.

전망품

게다가 '겨울에 여름 옷을 입은 사람'의 고통도 이미 잘 알고 계십니다.
결실 없는 일을 애써서 하는 사람들에 대한 연민과 안타까움이 느껴집니다.

사업에 실패하여 무수한 고통과 곤란을 겪은 후에는
철 아는 사람의 사업하는 것을 보고 제 마음에 깨침이 생겨나서
차차 철 아는 사람이 되리라.]

철모르는 사람들은 반드시 '사업에 실패'할 것이고,
'무수한 고통과 곤란을 겪'을 것입니다.
겨우 '철 아는 사람의 사업하는 것을 보고'서야 '마음에 깨침'이 생겨날 것입니다.
이 깨침도 소중한 깨침이지만 자칫하면 철지난 깨침이 될 수 있습니다.
씨를 뿌려야 할 봄철이 다 지나간 다음에 깨침을 얻으면 얼마나 안타까운 일입니까.
'무수한 고통과 곤란'을 겪기 전에 '철 아는 사람'이 되어야겠습니다.

'철'은 늘 그대로입니다.
신앙과 수행으로 마음의 문이 열려야 '철'을 알 수 있습니다.
진리에 눈을 떠야 하고 인과의 이치에 대한 깨달음이 있어야 철을 알게 됩니다.
큰 철의 변화를 알려주시는 불보살과 성현님들의 '날 밝은' 소식을 유념해야 합니다.
'철모르는 사람'이 아니라 '철든 사람'이 되어야 합니다.

나의 마음공부

- 나는 '날이 밝은 줄' 아는 사람인가요?

- 나는 혹시 '찬 바람과 얼음 속에 씨를 뿌리'는 사람이 아닌가요?

- 나는 얼마나 '철 아는' 사람인가요?

- 나는 어떤 경우에 '마음에 깨침이 생겨나' 나요?

8

김 기천이 여쭙기를
[근래에 여러 사람이 각기 파당을 지어 서로 옳다 하며
사방에서 제 스스로 선생이라 일컬으오나
그 내용을 보면 무엇으로 가히 선생이라 할 가치가 없사오니,
그들을 참 선생이라 할 수 있사오리까.]
대종사 말씀하시기를 [참 선생이니라.]
기천이 여쭙기를 [어찌하여 참 선생이라 하시나이까.]
대종사 말씀하시기를
[그대가 그 사람들로 인하여 사람의 허虛와 실實을 알았다 하니
그것만 하여도 참 선생이 아닌가.]
기천이 다시 여쭙기를
[그것은 그러하오나 그들도 어느 때가 되오면
자신이 바로 참 선생의 자격을 갖추게 되오리까.]
대종사 말씀하시기를
[허를 지내면 실이 돌아오고 거짓을 깨치면 참이 나타나나니,
허실과 진위眞僞를 단련하고 또 단련하며 지내고 또 지내보면
그중에서 자연히 거짓 선생이 참 선생으로 전환될 수 있나니라.]

『대종경』「전망품」 8장

거짓 선생이 참 선생으로 | 풀이 |

김기천이 여쭙기를
[근래에 여러 사람이 각기 파당을 지어 서로 옳다 하며
사방에서 제 스스로 선생이라 일컬으오나
그 내용을 보면 무엇으로 가히 선생이라 할 가치가 없사오니,
그들을 참 선생이라 할 수 있사오리까.]

소태산 대종사님은 「전망품」 1장에서
"세상이 말세가 되고 험난한 때를 당하면 반드시 한 세상을 주장할 만한 법을 가진 구세 성자(救世聖者)가 출현하여 능히 천지 기운을 돌려 그 세상을 바로잡고 그 인심을 골라 놓나니라." 라고 설하신 바 있습니다.
'말세가 되고 험난한 때'란 전쟁이나 기근 등으로 고통받는 때이기도 하지만,
정신적으로 가치관의 혼란이 심한 때이기도 합니다.
가치관의 혼란은 매우 심각한 사회적 병폐와 혼란을 야기해서 말세를 불러옵니다.
이런 때에 흔히 '제 스스로 선생'이라 일컫는 사람들이 등장해서 혹세무민합니다.
이들이 도덕과 정법을 훼손하고 가치관을 혼탁하게 만듭니다.
사람들을 미혹하는 이들의 주장으로 인해 누가 참된 스승인지 헷갈리게 됩니다.
가짜 '구세성자'들이 출현하여 세상을 말세로 만들곤 합니다.
제자 김기천이 이런 세태에 대해 안타까워하며 스승님의 법문을 청합니다.

대종사 말씀하시기를 [참 선생이니라.]
기천이 여쭙기를 [어찌하여 참 선생이라 하시나이까.]

제자가 보기엔 명백하게 '가히 선생이라 할 가치가 없'는 사람을
대종사님께서 '참 선생'이라고 하시니 그 이유를 다시 여쭙니다.

대종사 말씀하시기를
[그대가 그 사람들로 인하여 사람의 허虛와 실實을 알았다 하니
그것만 하여도 참 선생이 아닌가.]

어쩌면 매우 냉정한 말씀입니다.
그들에 대한 평가에 좀 무관심한 듯하십니다.
오히려 '사람의 허와 실'을 알게 된 것이 큰 소득이라는 말씀입니다.
그들의 '참 선생' 여부가 관건이 아니라
'사람의 허와 실'을 깨닫는 것이 중요함을 말씀하시는 듯합니다.

기천이 다시 여쭙기를
[그것은 그러하오나 그들도 어느 때가 되오면
자신이 바로 참 선생의 자격을 갖추게 되오리까.]

그래도 제자는 '제 스스로 선생이라' 일컫는 사람들의 삶이 안타까운 듯
'어느 때'나 그들이 '참 선생'이 될 수 있을 것인지 대종사님께 또 여쭙니다.

대종사 말씀하시기를
[허를 지내면 실이 돌아오고 거짓을 깨치면 참이 나타나나니,
허실과 진위眞僞를 단련하고 또 단련하며 지내고 또 지내보면
그중에서 자연히 거짓 선생이 참 선생으로 전환될 수 있나니라.]

대종사님께서는 인과의 이치대로 응답하십니다.
'허를 지내'야 할 수밖에 없고,
'거짓을 깨치'는 수밖에 없고,
'허실과 진위를 단련하고 또 단련'할 수밖에 없다고 설하십니다.
어리석어서 허와 실을 모르고 참과 거짓을 모르는 '거짓 선생'은
이런 지난한 과정을 겪어야 겨우 '참 선생'으로 '전환'될 수도 있겠으나,

만약에 거짓임을 알면서도 자신과 사람들을 속이는 '거짓 선생'이라면 이런 사람들은 '참 선생'으로 '전환'될 수 없고 죄벌을 받게 될 것입니다. 엄정한 인과보응의 결과입니다.

나의 마음공부

• 나는 '허실'과 '진위'를 잘 분별할 수 있나요?

• '허실'과 '진위'를 분별하려면 어떤 공부를 해야 할까요?

• 나는 누가 '참 선생'인지 잘 구별할 수 있나요?

• '허실과 진위真僞를 단련하고 또 단련' 하는 방법은 무엇일까요?

대종사 말씀하시기를

[근래의 인심을 보면

공부 없이 도통을 꿈꾸는 무리와,

노력 없이 성공을 바라는 무리와,

준비 없이 때만 기다리는 무리와,

사술邪術로 대도를 조롱하는 무리와,

모략으로 정의를 비방하는 무리들이 세상에 가득하여,

각기 제가 무슨 큰 능력이나 있는 듯이 야단을 치고 다니나니,

이것이 이른 바 낮도깨비니라.

그러나, 시대가 더욱 밝아짐을 따라 이러한 무리는 발붙일 곳을 얻지 못하고

오직 인도 정의의 요긴한 법만이 세상에 서게 될 것이니,

이러한 세상을 일러 대명천지大明天地라 하나니라.]

『대종경』「전망품」9장

- 도깨비 : 동물이나 사람의 형상을 한 잡된 귀신의 하나. 비상한 힘과 재주를 가지고 있어 사람을 홀리기도 하고 짓궂은 장난이나 심술궂은 짓을 많이 한다고 한다. 주책없이 망나니짓하는 사람을 비유적으로 이르는 말.
- 낮도깨비 : 낮에 나타난 도깨비. 체면 없이 마구 행동하는 사람을 비유적으로 이르는 말.
- 도통 道通 : 사물의 오묘 불가사의한 이치를 깨달아서 통하는 것. 대소유무의 이치와 시비이해의 일에 능통·통달하는 것. 대소유무는 이치요, 시비이해는 사事이므로, 도통은 사리연구력을 얻어 이무애 사무애하는 경지를 말한다. 마음공부가 구경처에 이르면 영통靈通·도통道通·법통法通의 삼통三通을 얻게 된다. 원불교에서는 이 삼통 가운데 법통만은 대원 정각大圓正覺을 하지 못하고는 얻을 수 없다고 말하고 있다(『대종경』「불지품」10장). 소태산대종사는 인도상의 요법을 주장하면서, 평생 아무 직업 없이 영통이나 도통을 바라고 방황하는 사람이 되는 것은 옳지 못하다고 말하고 있다. 만약 세상을 떠나서 법을 구하며 인도를 여의고 신통만 바란다면 이는 곧 사도邪道라고 주의를 주고 있다(『대종경』「수행품」41장).
- 모략 謀略 : 계략이나 책략. 남을 해치려고 속임수를 써서 일을 꾸밈. 권모술수.

낮도깨비 | 풀이 |

대종사 말씀하시기를
[근래의 인심을 보면
공부 없이 도통을 꿈꾸는 무리와,

'공부'의 결과 중 하나가 '도통道通'입니다.
'공부'라는 원인이 없으면 '도통'이라는 결과도 있을 수 없습니다.
'공부 없이 도통을 꿈꾸는 무리'는 '인과보응의 이치'를 거스르는 무리일 뿐입니다.

노력 없이 성공을 바라는 무리와,
준비 없이 때만 기다리는 무리와,

이런 무리 역시 마찬가지입니다.
인과의 이치를 무시하는 무리입니다.
바라는 성공을 얻을 수 없고, 기다리는 때도 맞이할 수 없습니다.
소소영령한 진리가 그들의 행위에 따라 보응할 뿐입니다.

사술邪術로 대도를 조롱하는 무리와,

이치에 맞지 않는 술수를 그럴듯하게 포장해서
일시적으로 인심을 모아 사리사욕을 채우는 무리가 있습니다.
진리는 이들에게 순하게 감응하지 않습니다.
모여든 무리들의 바람도 채워주지 않습니다.
진리에 어긋난 거짓 술수이기 때문입니다.
'대도大道'란 성자마다 이름을 달리했을지언정 불변의 진리입니다.
'떳떳하게 행하는 당연한 길'입니다.

전망품

소태산 대종사님은 '생멸 없는 도와 인과 보응되는 도'를 '제일 큰 도'-「인도품」1장
라고 알려주신 바 있습니다.
대종사님은 교법의 체계를 세우시면서 이 '큰 도'에 바탕하여
'인생의 요도'-'사은사요', '공부의 요도'-'삼학 팔조'로 길을 내주셨습니다.
'공부 없이 도통을 꿈꾸는 무리'가 되지 않으려면
'공부의 요도'를 따라 공부를 해야 할 것입니다.
목적지에 닿을 수 없는 길은 잘못된 길이고, 사도요 사술입니다.
사술에 빠져서 인생을 허비하면 대도를 수행할 기회를 잃게 됩니다.

모략으로 정의를 비방하는 무리들이 세상에 가득하여,

모략가들이 정의를 비방하는 이유는 무엇일까요?
사람들이 모두 정의를 행하면 자신들이 이익을 얻기 힘들기 때문입니다.
어떻게 해서든지 남을 속이려고 술수를 써야 하니까
정도를 비방해서 삿된 길로 빠트리려고 모략을 일삼는 것입니다.
이들의 궁극적 목적이 무엇인지를 바로 보아야 모략에 빠지지 않을 수 있습니다.

각기 제가 무슨 큰 능력이나 있는 듯이 야단을 치고 다니나니,
이것이 이른바 낮도깨비니라.

이들이 '무슨 큰 능력이나 있는 듯이 야단을 치고 다니'는 것도 마찬가지입니다.
그러는 목적이 있기 때문이겠죠.
그렇게 해야 사람들을 속여서 자신들의 이익을 취할 수 있기 때문입니다.

구전에 의하면 도깨비는 밤에 활동한답니다.
그런데 이런 무리들은 대낮에 도깨비같이 허망한 짓을 일삼으니
대종사님께서 이들을 '낮도깨비'라고 이름 붙이신 것입니다.
『대종경』 전체를 통틀어서 봐도 이런 멸칭은 드물게 등장합니다.

대종사님의 마음을 엿볼 수 있는 대목입니다.

그러나, 시대가 더욱 밝아짐을 따라 이러한 무리는 발붙일 곳을 얻지 못하고
오직 인도 정의의 요긴한 법만이 세상에 서게 될 것이니,
이러한 세상을 일러 대명천지大明天地라 하나니라.]

이런 무리들이 존속하는 이유는 그들에게 속아 넘어가는 사람들이 있기 때문입니다.
결국은 사람들의 지혜가 밝아져야 합니다.
사람들의 지혜가 밝아져야 '시대가 더욱 밝아' 질 것입니다.
'인도 정의의 요긴한 법'이란 '인생의 요도', '공부의 요도'를 의미합니다.

대종사님께서 마음의 구름이 사라진 심경을
'청풍월상시淸風月上時에 만상자연명萬像自然明이라.' – 「성리품」1장 라고 하셨듯이
어리석은 사람들의 마음에서 어두운 마음들이 사라져야
거짓과 진실, 권모술수와 대도, 불의와 정의가 온전히 분별될 것입니다.
진리 그대로가 온전히 드러나는 세상이 정말 밝은 세상, 대명천지일 것입니다.
천지와 진리는 원래 그대로이니 우리들이 마음공부로 마음을 밝히면 됩니다.
대종사님은 '대명천지'가 될 것이라고 밝게 전망하셨습니다.

나의 마음공부

• '도통'을 하려면 어떤 공부를 어떻게 해야 할까요?

• 나는 혹시 '노력 없이 성공을 바라는' 사람인가요

- 나는 혹시 '준비 없이 때만 기다리는' 사람인가요?

- 이 세상은 언제쯤에나 '대명천지'가 될 수 있을까요

10

대종사 서울에 가시사 하루는 남산 공원에 소요하시더니,
청년 몇 사람이 대종사의 위의威儀 비범하심을 뵈옵고,
와서 인사하며 각각 명함을 올리는지라 대종사 또한 명함을 주시었더니,
청년들이 그 당시 사회에 큰 물의를 일으키고 있던 모 신흥 종교에 대한
신문의 비평을 소개하면서, 말하기를
[이 교敎가 좋지 못한 행동이 많으므로 우리 청년 단체가
그 비행을 성토하며 현지에 내려가서 그 존재를 박멸하려 하나이다.]
대종사 말씀하시기를
[그 불미한 행동이란 과연 무엇인가.]
한 청년이 사뢰기를
[그들이 미신의 말로써 인심을 유혹하여 불쌍한 농민들의 재산을 빼앗으니,
이것을 길게 두면 세상에 나쁜 영향이 크게 미칠 것이옵기로
그것을 박멸하려 하는 것이옵니다.]
대종사 말씀하시기를
[그대들의 뜻은 짐작이 되나 무슨 일이든지 제 생각에 한 번 하고 싶어서
죽기로써 하는 때에는 다른 사람이 아무리 말려도 되지 않을 것이니,
무슨 능력으로 그 교의 하고 싶은 일을 막을 수 있으리요.]

청년이 여쭙기를

[그러면 그 교가 박멸되지 아니하고 영구히 존속될 것이라는 말씀이옵니까.]

대종사 말씀하시기를

[나의 말은 다른 사람의 굳이 하고 싶은 일을 억지로 막지는 못한다는 말이요,

그 교에 대한 존속 여부를 말한 것은 아니나,

사람마다 이로움은 좋아하고 해로움은 싫어하는데,

서로 관계하는 사이에 항상 이로움이 돌아오면 길이 친근할 것이요,

해로움이 돌아오면 길이 친근하지 못할 것이라,

정도正道라 하는 것은 처음에는 해로운 것 같으나 필경에는 이로움이 되고,

사도邪道라 하는 것은 처음에는 이로운 것 같으나 필경에는 해독이 돌아오므로,

그 교가 정도이면 아무리 그대들이 박멸하려 하여도 되지 않을 것이요,

사도라면 박멸하지 아니하여도 자연히 서지 못하게 되리라.]

『대종경』「전망품」10장

• **위의威儀** : 위엄이 있고 엄숙한 태도나 몸가짐. 예법에 맞는 몸가짐.

정도正道라 하는 것은 | 풀이 |

대종사 서울에 가시사 하루는 남산 공원에 소요하시더니,
청년 몇 사람이 대종사의 위의威儀 비범하심을 뵈옵고,
와서 인사하며 각각 명함을 올리는지라 대종사 또한 명함을 주시었더니,

대종사님의 비범한 위의에 대한 일화는 구전으로 많이 전해지고 있습니다.
이 법문은 그 사례 중 하나라고 할 수 있습니다.
대종사님과 길에서 우연히 만난 청년들의 의미 깊은 대화가 진행됩니다.

청년들이 그 당시 사회에 큰 물의를 일으키고 있던 모 신흥 종교에 대한
신문의 비평을 소개하면서, 말하기를
[이 교敎가 좋지 못한 행동이 많으므로 우리 청년 단체가
그 비행을 성토하며 현지에 내려가서 그 존재를 박멸하려 하나이다.]
대종사 말씀하시기를
[그 불미한 행동이란 과연 무엇인가.]
한 청년이 사뢰기를
[그들이 미신의 말로써 인심을 유혹하여 불쌍한 농민들의 재산을 빼앗으니,
이것을 길게 두면 세상에 나쁜 영향이 크게 미칠 것이옵기로
그것을 박멸하려 하는 것이옵니다.]

소위 정의감에 넘치는 청년들이 대종사님이 종교인임을 알고
자기들의 종교 관련 활동 계획까지 토로하게 된 것 같습니다.
어떤 종교를 '박멸'하겠다는 계획을 들으시고 그 이유를 물으니
청년들은 그들이 '미신'으로 '농민'들을 '유혹'해서 '재산을 빼앗'았다고 답하며,
'세상에 나쁜 영향을 크게 미칠 것' 같아서 '박멸'에 나서겠다고 합니다.

일견 타당한 말 같은데 대종사님께서는 어떻게 가르침을 주셨을까요?

대종사 말씀하시기를
[그대들의 뜻은 짐작이 되나 무슨 일이든지 제 생각에 한 번 하고 싶어서
죽기로써 하는 때에는 다른 사람이 아무리 말려도 되지 않을 것이니,
무슨 능력으로 그 교의 하고 싶은 일을 막을 수 있으리요.]

청년들의 '뜻을 짐작' 한다고 어느 정도 공감을 표하시지만,
이내 '무슨 능력으로' 그들의 행동을 '막을 수 있' 겠냐고 반문하십니다.

청년이 여쭙기를
[그러면 그 교가 박멸되지 아니하고 영구히 존속될 것이라는 말씀이옵니까.]

청년들이 다시 질문을 합니다.
부연하자면, 나쁜 짓을 하는 그 종교를 그대로 둬야 하는지,
그렇다면 그들이 '영구히 존속' 될 것 아니냐는 반문입니다.

대종사 말씀하시기를
[나의 말은 다른 사람의 굳이 하고 싶은 일을 억지로 막지는 못한다는 말이요,
그 교에 대한 존속 여부를 말한 것은 아니나,

대종사님의 응답이 매우 적확^{的確}합니다.
'억지로 막지는 못한다는' 말을 했을 뿐,
대종사님은 '그 교의 존속 여부' 를 말한 적이 없는 것입니다.

사람마다 이로움은 좋아하고 해로움은 싫어하는데,
서로 관계하는 사이에 항상 이로움이 돌아오면 길이 친근할 것이요,
해로움이 돌아오면 길이 친근하지 못할 것이라,

청년들의 궁금한 점에 대해 친절하게 설명해주십니다.
'관계'의 본질적 요소를 '이로움'으로 설명하십니다.
그 종교 단체의 미래도 결국 사람들에게 '이로움'을 줄 수 있느냐에 달렸다는 의미의 말씀입니다.

정도正道라 하는 것은 처음에는 해로운 것 같으나 필경에는 이로움이 되고,
사도邪道라 하는 것은 처음에는 이로운 것 같으나 필경에는 해독이 돌아오므로,

'도道'는 '길'입니다.
'정도'는 '바른길'이니 그 길을 가면 바른 목적지에 도달하게 됩니다.
'필경에는 이로움'을 얻는 길입니다.
'사도'는 '그릇된 길'이니 그 길을 가면 잘못된 목적지에 도달하게 됩니다.
'필경에는 해독'을 얻게 되는 길입니다.

그 교가 정도이면 아무리 그대들이 박멸하려 하여도 되지 않을 것이요,
사도라면 박멸하지 아니하여도 자연히 서지 못하게 되리라.]

그 종교가 '정도'라면 '이로움'을 얻게 되니 '길이 친근'한 조직이 될 것이고,
그 종교가 '사도'라면 '해로움'을 얻게 되니 '길이 친근하지 못할 것'입니다.
인과의 이치에 따른 확언입니다.
'정도'라면 '아무리 그대들이 박멸하려 하여도 되지 않을 것'이고,
'사도'라면 '박멸하지 아니하여도 자연히 서지 못'할 것이라고.
이 말씀은 비단 청년들이 박멸하고자 한 특정 종교에 한한 것이 아닙니다.
모든 종교의 미래를 원리적으로 알려주신 거대한 전망의 법문입니다.

나의 마음공부

- 나도 혹시 이 법문의 이 청년과 같이 좋지 못한 행동을 하는 종교를 '박멸'해야 한다고 생각하나요?

- '정도正道'의 기준은 무엇인가요?

- '사도邪道'의 기준은 무엇인가요?

- '박멸하지 아니하여도 자연히 서지 못하게 되'는 이치는 무엇인가요?

11

그 청년이 다시 여쭙기를

[그러하오면 선생님께서는 어떠한 방법이라야

이 세상이 길이 잘 교화되리라고 생각하시나이까.]

대종사 말씀하시기를

[특별한 방법이 따로 있는 것은 아니나 오직 한 가지 예를 들어 말하리라.

가령, 큰 들 가운데 농사를 짓는 사람이 농사 방법도 잘 알고

일도 또한 부지런히 하여 그 수확이 다른 사람보다 훨씬 우월하다면,

온 들안 사람들이 그것을 보고 자연히 본받아 갈 것이나,

만일 자기 농사에는 실적이 없으면서 다른 사람에게 말로만 권한다면

그 사람들이 따르지 않을 것은 물론이니,

그러므로 나는 늘 말하되 내가 먼저 행하는 것이 곧 남을 교화함이 된다 하노라.]

청년이 사뢰기를

[선생님께서는 그러한 통달하신 법으로 세상을 교화 하시거니와,

그 교는 좋지 못한 행동으로 백성을 도탄塗炭 가운데 넣사오니

세상에 없어야 할 존재가 아니오니까.]

대종사 말씀하시기를

[그 교도 세계 사업을 하고 있으며 그대들도 곧 세계 사업을 하고 있나니라.]

청년이 또 여쭙기를

[어찌하여 그 교가 세계 사업을 한다 하시나이까.]

대종사 말씀하시기를

[그 교는 비하건대 사냥의 몰이꾼과 같나니

몰이꾼들의 몰이가 아니면 포수들이 어찌 그 구하는 바를 얻으리요.

지금은 묵은 세상을 새 세상으로 건설해야 할 시기인 바

세상 사람들이 그 형편을 깨닫지 못하고 발원 없이 깊이 잠들었는데,
그러한 각색 교회가 사방에서 일어나 모든 사람의 잠을 깨우며 마음을 일으키니,
그제야 모든 인재들이 세상에 나서서 실다운 일도 지내보고 헛된 일도 지내보며,
남을 둘러도 보고 남에게 둘리기도 하여 세상 모든 일의 허실과 시비를 알게 되매
결국 정당한 교회와 정당한 사람을 만나 정당한 사업을 이룰 것이니,
이는 곧 그러한 각색 교회가 몰이를 해 준 공덕이라,
그들이 어찌 세계 사업자가 아니라 하리요.]

청년이 또 여쭙기를
[그것은 그러하오나 저희들은 또한 어찌하여 세계 사업자가 된다 하시나이까.]
대종사 말씀하시기를
[그대들은 모든 교회의 행동을 보아, 잘하는 것이 있으면 세상에 드러내고
잘못하는 것이 있으면 또한 비평을 주장하므로,
누구를 물론하고 비난을 당할 때에는 분한 마음이 있을 것이요,
분한 마음이 있을 때에는 새로 정신을 차려 비난을 면하려고 노력할 것이니,
그대들은 곧 세계 사업자인 모든 교회에 힘을 도와주고 반성을 재촉하는 사업자라,
만일 그대들이 없으면 모든 교회가 그 전진력을 얻지 못할 것이므로
그대들의 공덕도 또한 크다 하노라.]
청년들이 감복하여 절하고 사뢰기를
[선생님의 말씀은 두루 통달하여 하나도 막힘이 없나이다.]

『대종경』「전망품」11장

• **도탄 塗炭** : 몹시 곤궁하거나 고통스러운 지경.

세계 사업자 | 풀이 |

그 청년이 다시 여쭙기를
[그러하오면 선생님께서는 어떠한 방법이라야
이 세상이 길이 잘 교화되리라고 생각하시나이까.]

바로 이전 「전망품」 10장과 이어지는 법문입니다.
우연히 남산 산책길에서 만난 청년과의 대화가 길게 이어지고 있습니다.
현재 청년의 관심사인 '이 세상'을 '길이 잘 교화'하는 방법을 질문합니다.

대종사 말씀하시기를
[특별한 방법이 따로 있는 것은 아니나 오직 한 가지 예를 들어 말하리라.

'특별한 방법이 따로 있는 것은 아니'라는 말씀은
원리적인 방법, 이치에 합당한 방법이 있을 뿐이라는 뜻일 것입니다.
처음 만난 청년에게 방법의 이면에 있는 원리를 다 설명하기 어려우니
'한 가지 예를 들어' 설명하겠다고 말씀하십니다.

가령, 큰 들 가운데 농사를 짓는 사람이 농사 방법도 잘 알고
일도 또한 부지런히 하여 그 수확이 다른 사람보다 훨씬 우월하다면,
온 들안 사람들이 그것을 보고 자연히 본받아 갈 것이나,
만일 자기 농사에는 실적이 없으면서 다른 사람에게 말로만 권한다면
그 사람들이 따르지 않을 것은 물론이니,
그러므로 나는 늘 말하되 내가 먼저 행하는 것이 곧 남을 교화함이 된다 하노라.]

농사를 잘 지어서 '수확'이 좋으면 다른 사람들이 '자연히 본받아 갈 것'이니,

'내가 먼저 행하는 것'이 교화의 방법이라고 알려주십니다.
인과의 이치에 바탕한 대종사님의 지론입니다.
이와 같은 맥락의 법문 가운데 대표적인 것은 「실시품」2장 법문입니다.
참선을 하지 않는다고 상좌를 나무라는 노승들에게
'남의 원 없는 것을 강제로 권하는 것은 그 사람으로 하여금 영영 그 일을 싫어하게 함이니라.(중략) 저 바위 속에 금이 든 줄을 알았거든 내가 먼저 채굴하여다가 그것을 광채 있게 쓰면 사람들이 나의 부유해진 연유를 알고자 하리니, 그 알고자 하는 마음의 정도를 보아서 그 내역을 말하여 준다면 그 사람들도 얼마나 감사히 그 금을 채굴하려 할 것인가. 이것이 곧 사람을 제도하는 묘방일까 하노라.'라고 솔선수범을 권하신 바 있습니다.
내가 먼저 행해서 유익한 결과를 얻으면 사람들이 자연히 따라 할 것이라는 지극히 간명한 인과 이치에 바탕한 법문입니다.
대종사님의 예화가 '금'을 캐는 것에서 '농사'로 바뀌었을 뿐 내용은 같습니다.

대종사님은 '실적이 없으면서 다른 사람에게 말로만 권'하는 방법을 취하지 않습니다.
그렇게 해봤자 '그 사람들이 따르지 않을 것은 물론'이기 때문입니다.
'사람들이 그것을 보고 자연히 본받아 갈' 방법을 권하십니다.
원불교 교화 방법의 원리로 삼아야 할 법문입니다.

청년이 사뢰기를
[선생님께서는 그러한 통달하신 법으로 세상을 교화 하시거니와,
그 교는 좋지 못한 행동으로 백성을 도탄塗炭 가운데 넣사오니 세상에 없어야 할 존재가 아니오니까.]

쉽게 알아듣도록 설명을 해주었건만 청년은 다시 질문을 이어갑니다.
물의를 일으킨 종교를 없애야 하지 않겠냐는 질문입니다.
아마도 자신이 바라는 속 시원한 답을 듣지 못했기 때문인지도 모르겠습니다.
이 청년과 일행인 청년들은 이미
'이 교敎가 좋지 못한 행동이 많으므로 우리 청년 단체가 그 비행을 성토하며 현지에 내

려가서 그 존재를 박멸하려 하나이다.'라고 「전망품」10장에서 밝힌 바 있습니다.
청년들의 마음이 온통 그 종교를 '박멸'하는 데 쏠려 있고, 행동에 나서고 있으니,
대종사님의 가르침이 이치적으로 맞기는 하지만
그들의 감정이나 판단과는 달라서 사뭇 거리가 있다고 느꼈을 것입니다.

대종사 말씀하시기를
[그 교도 세계 사업을 하고 있으며 그대들도 곧 세계 사업을 하고 있나니라.]

사실 이미 대종사님은 응답을 마치셨고,
청년이 같은 질문을 반복하는 셈입니다만,
대종사님은 더 넓은 관점에서 가르침을 주시려고 응답해주십니다.
그 종교를 박멸하려는 청년들이나 그 종교나 모두 '세계 사업'을 하고 있다고.

청년이 또 여쭙기를
[어찌하여 그 교가 세계 사업을 한다 하시나이까.]

대종사님의 새로운 말씀에 질문이 따라옵니다.

대종사 말씀하시기를
[그 교는 비하건대 사냥의 몰이꾼과 같나니
몰이꾼들의 몰이가 아니면 포수들이 어찌 그 구하는 바를 얻으리요.

다시 비유 법문을 하십니다.
그 종교는 '사냥의 몰이꾼'으로, 청년들이나 세상 사람들은 '포수'들로 비유하십니다.

지금은 묵은 세상을 새 세상으로 건설해야 할 시기인 바
세상 사람들이 그 형편을 깨닫지 못하고 발원 없이 깊이 잠들었는데,
그러한 각색 교회가 사방에서 일어나 모든 사람의 잠을 깨우며 마음을 일으키니,

시끄럽게 해서 사냥감을 포수에게 몰아주는 몰이꾼에 비유해서
그들이 '모든 사람의 잠을 깨우며 마음을 일으키'는 역할을 한다고 말씀하십니다.
이런 과정이 '묵은 세상을 새 세상으로 건설'하는 데 필요한 일로 보십니다.
이는 마치 「전망품」7장에서 '내가 오는 길에 우스운 일을 많이 보았노니, 아침에 어느 곳을 지나는데 날이 이미 밝아서 만물이 다 기동하여 사방이 시끄러우나 어떤 사람은 날이 밝은 줄을 모르고 깊이 잠자고 있으며,'라는 비유 법문으로 '때'를 모르는 사람들에 대한 안타까움을 표하신 바와 같은 맥락의 법문입니다.

그제야 모든 인재들이 세상에 나서서 실다운 일도 지내보고 헛된 일도 지내보며,
남을 둘러도 보고 남에게 둘리기도 하여 세상 모든 일의 허실과 시비를 알게 되매
결국 정당한 교회와 정당한 사람을 만나 정당한 사업을 이룰 것이니,
이는 곧 그러한 각색 교회가 몰이를 해 준 공덕이라,
그들이 어찌 세계 사업자가 아니라 하리요.]

지혜로운 사람은 '헛된 일을 지내보며', '남에게 둘리기도 하'는 시행착오를
하지 않거나 최소한으로 합니다.
미리 '일의 허실과 시비'를 알기 때문입니다.
반대로 인과의 이치에 어두운 범부와 중생들은 시행착오와 고통을 겪은 뒤에야
'일의 허실과 시비를 알게' 됩니다.
안타깝게도 시행착오의 횟수는 어리석음에 비례합니다.
차이가 있을 뿐, 결국 '일의 허실과 시비'는 알려지게 되어있습니다.
대종사님은 이런 이치를 담담하게 설하시며
결과적으로 그 종교도 '세계 사업자'라고 비유하십니다.

청년이 또 여쭙기를
[그것은 그러하오나 저희들은 또한 어찌하여 세계 사업자가 된다 하시나이까.]
대종사님께서 앞서서 '그 교도 세계 사업을 하고 있으며 그대들도 곧 세계 사업을 하고 있나니라.'라고 말씀하신 것을 기억하고 청년이 다시 질문합니다.

대종사 말씀하시기를
[그대들은 모든 교회의 행동을 보아, 잘하는 것이 있으면 세상에 드러내고
잘못하는 것이 있으면 또한 비평을 주장하므로,
누구를 물론하고 비난을 당할 때에는 분한 마음이 있을 것이요,
분한 마음이 있을 때에는 새로 정신을 차려 비난을 면하려고 노력할 것이니,
그대들은 곧 세계 사업자인 모든 교회에 힘을 도와주고 반성을 재촉하는 사업자라,
만일 그대들이 없으면 모든 교회가 그 전진력을 얻지 못할 것이므로
그대들의 공덕도 또한 크다 하노라.]

시시비비를 촉진하는 청년들의 행동으로 인해
'모든 교회에 힘을 도와주고 반성을 재촉하는 사업자'라고 평하시며
그런 까닭에 '세계 사업자'라고 한 것이라고 답하십니다.
상극의 관계를 맺게 된 양방에 대해서 모두 '세계 사업자'라고 정의하시고
차근차근 그 이유를 설명하시는 대화법이 매우 흥미롭습니다.

청년들이 감복하여 절하고 사뢰기를
[선생님의 말씀은 두루 통달하여 하나도 막힘이 없나이다.]

청년들이 대종사님 말씀에 일종의 평가를 합니다.
'두루 통달하여 하나도 막힘이 없'다고.
'박멸'하거나, '세상에 없어야 할 존재'로 특정 종교를 보던 청년들이
은혜와 상생, 인과의 관점에서 원만한 가르침을 주신 대종사님에게서
'하나도 막힘이 없'는 '통달'함을 느꼈던 것입니다.

'그 교'를 '박멸'하겠다고 기세가 등등하던 청년들이
대종사님의 법문을 들으며 새롭고 넓은 관점으로 사태를 보게 되고
대응 방법에 대한 새로운 깨달음을 얻는 과정이 잘 드러나고 있습니다.

나의 마음공부

• 대종사님이 선호하시는 일관된 교화 방법은 무엇인가요?

• 내가 현시국에서 생각하는 '사냥의 몰이꾼' 같은 사람이나 단체는 누구인가요?

• 이 법문에서 대종사님이 청년들에게 바라는 바는 무엇인가요?

• 나는 어떻게 '세계 사업'을 할 계획인가요?

12

한 사람이 여쭙기를
[선생님의 교법이 시대에 적절할 뿐 아니라 정당한 법인 줄은 믿으오나
창립한 시일이 아직 천단하여 근거가 깊지 못하오니
선생님 후대에는 어떻게 되올지 의문이 되나이다.]

대종사 말씀하시기를
[그대가 이 법을 이미 정법으로 알았다 하니
그렇다면 나의 후대에 이 법의 확장 여하를 근심할 것이 없나니라.

보라! 세상에 도둑질하는 법은 나쁜 법이라,
그 법을 나라에서 없애려 하고 사회에서 배척하건마는
그 종자가 없어지지 아니하고 남아 있어서 우리들을 괴롭게 하는 것은,
그같이 나쁜 법도 필요를 느끼는 무리가 일부에 있기 때문이거든,
하물며 모든 인간이 다 필요로 하는 인도 정의의 정당한 법이리요.

다시 한 예를 더 들자면,
세상 사람들이 모든 물질과 기술을 사용하여 생활을 할 때에
그 발명가를 위하여 사용하는 것이 아니요
각각 자기의 편리를 생각하여 사용하므로
자기의 편리만 있으면 아무리 사용하지 말라 하여도 자연 사용하게 되는 것 같이
모든 교법도 또한 여러 사람이 믿고 사용한 결과에 이익이 있다면
아무리 믿지 말라 하여도 자연 믿을 것이며,
믿는 사람이 많을 때에는 이 법이 또한 널리 확장될 것이 아닌가.]

『대종경』「전망품」 12장

• **천단** 淺短하다 : 얇고 짧다.

아무리 믿지 말라 하여도 | 풀이 |

한 사람이 여쭙기를
[선생님의 교법이 시대에 적절할 뿐 아니라 정당한 법인 줄은 믿으오나
창립한 시일이 아직 천단하여 근거가 깊지 못하오니
선생님 후대에는 어떻게 되올지 의문이 되나이다.]

창교자 소태산 대종사님 이후의 교단 미래에 대한 질문입니다.

대종사 말씀하시기를
[그대가 이 법을 이미 정법으로 알았다 하니
그렇다면 나의 후대에 이 법의 확장 여하를 근심할 것이 없나니라.

소태산 대종사님께서는 '정법正法'의 '확장'을 확신하십니다.

보라! 세상에 도둑질하는 법은 나쁜 법이라,
그 법을 나라에서 없애려 하고 사회에서 배척하건마는
그 종자가 없어지지 아니하고 남아 있어서 우리들을 괴롭게 하는 것은,
그 같이 나쁜 법도 필요를 느끼는 무리가 일부에 있기 때문이거든,
하물며 모든 인간이 다 필요로 하는 인도 정의의 정당한 법이리요.

극단적 비유로 '도둑질'도 필요한 무리가 있어서 없어지지 않는다고 하시며,
'인도 정의의 정당한 법'은 '모든 인간이 다 필요로 하'니
원불교 교법이 미래에도 '확장'될 것으로 긍정적으로 전망하십니다.

다시 한 예를 더 들자면,
세상 사람들이 모든 물질과 기술을 사용하여 생활을 할 때에
그 발명가를 위하여 사용하는 것이 아니요
각각 자기의 편리를 생각하여 사용하므로
자기의 편리만 있으면 아무리 사용하지 말라 하여도 자연 사용하게 되는 것 같이
모든 교법도 또한 여러 사람이 믿고 사용한 결과에 이익이 있다면
아무리 믿지 말라 하여도 자연 믿을 것이며,
믿는 사람이 많을 때에는 이 법이 또한 널리 확장될 것이 아닌가.]

대종사께서 다시 부연 설명을 해주십니다.
'확장'할 것이라는 확신의 이유와 이치에 대한 말씀입니다.
'물질과 기술'이 사람들에게 '필요'하다면,
'아무리 사용하지 말라 하여도 자연 사용하게 되는 것'과 같이
'교법'도 '여러 사람이 믿고 사용한 결과에 이익이 있다면'
'아무리 믿지 말라 하여도 자연 믿을 것'이라고 '확장'의 이유를 설하십니다.

요즘 표현으로는, 수요자의 수요가 공급을 좌우할 것이라고 할 수 있습니다.
억지로 '믿으라'고 할 일은 아닌 것입니다.
대종사님의 교법과 교단에 대한 밝은 전망의 '근거'를 알 수 있는 법문입니다.
인과의 이치에 대한 깨달음에서 비롯된 확고한 전망입니다.

나의 마음공부

• 나는 '교법을 믿고 사용한 결과'로 '이익'을 얻고 있나요?

• 나는 우리 교법의 '확장'에 대한 믿음이 있나요?

- '세상 사람'들이 '교법을 믿고 사용한 결과'를 예상할 수 있을까요?

- 우리 교법을 '모든 인간이 다 필요로' 할까요?

13

한 사람이 여쭙기를
[동양이나 서양에 기성 교회도 상당한 수가 있어서
여러 천 년 동안 서로 문호를 달리하여 시비가 분분한 가운데,
근래에는 또한 여러 가지 신흥 교회가 사방에 일어나서
서로 자가自家의 주장을 내세우고 다른 의견을 배척하여
더욱 시비가 분분하오니 종교계의 장래가 어떻게 되오리까.]

대종사 말씀하시기를
[어떤 사람이 서울에서 가정을 이루어 자녀를 두고 살다가
세계 여러 나라를 두루 유람할 제,
그중 몇몇 나라에서는 각각 여러 해를 지내는 동안
그 나라 여자와 동거하여 자녀를 낳아 놓고 돌아왔다 하자.
그 후 그 사람의 자녀들이 각각 그 나라에서 자라난 다음
각기 제 아버지를 찾아 한 자리에 모였다면,
얼굴도 서로 다르고 말도 서로 다르며 습관과 행동도 각각 다른 그 사람들이
얼른 서로 친하고 화해질 수 있겠는가.

그러나, 여러 해를 지내는 동안 그들도 차차 철이 들고 이해심이 생겨나서
말과 풍습이 서로 익어지고 그 형제되는 내역을 자상히 알고 보면
반드시 골육지친骨肉之親을 서로 깨달아 화합하게 될 것이니,
모든 교회의 서로 달라진 내역과,
그 근원은 원래 하나인 내역도 또한 이와 같으므로,
인지가 훨씬 개명되고 도덕의 빛이 고루 비치는 날에는
모든 교회가 한 집안을 이루어 서로 융통하고 화합하게 되나니라.]

『대종경』「전망품」 13장

• 골육지친 骨肉之親 : 부자·형제 등 가까운 혈족.(뼈와 살을 나눈 친족—필자 주)

종교계의 장래가 어떻게 되오리까 | 풀이 |

한 사람이 여쭙기를
[동양이나 서양에 기성 교회도 상당한 수가 있어서
여러 천 년 동안 서로 문호를 달리하여 시비가 분분한 가운데,
근래에는 또한 여러 가지 신흥 교회가 사방에 일어나서
서로 자가(自家)의 주장을 내세우고 다른 의견을 배척하여
더욱 시비가 분분하오니 종교계의 장래가 어떻게 되오리까.]

종교의 역사는 인류의 역사와 함께 장구(長久)합니다.
세계 곳곳에서 여러 종교가 명멸(明滅)했습니다.
한 사람이 각종 각파로 나뉜 종교계의 미래를 대종사님께 질문합니다.

대종사 말씀하시기를
[어떤 사람이 서울에서 가정을 이루어 자녀를 두고 살다가
세계 여러 나라를 두루 유람할 제,
그중 몇몇 나라에서는 각각 여러 해를 지내는 동안
그 나라 여자와 동거하여 자녀를 낳아 놓고 돌아왔다 하자.
그 후 그 사람의 자녀들이 각각 그 나라에서 자라난 다음
각기 제 아버지를 찾아 한 자리에 모였다면,
얼굴도 서로 다르고 말도 서로 다르며 습관과 행동도 각각 다른 그 사람들이
얼른 서로 친하고 화해질 수 있겠는가.

대종사님은 배다른 자녀의 비유로 종교의 역사와 종파의 관계를 설명하십니다.
이 법문과 관련해서 반드시 참고해야 할 내용은 『정전』「교법의 총설」입니다.

'불교는 무상 대도無上大道라 그 진리와 방편이 호대하므로 여러 선지식善知識이 이에 근원하여 각종 각파로 분립하고 포교문을 열어 많은 사람을 가르쳐 왔으며, 세계의 모든 종교도 그 근본되는 원리는 본래 하나이나, 교문을 별립하여 오랫동안 제도와 방편을 달리하여 온 만큼 교파들 사이에 서로 융통을 보지 못한 일이 없지 아니하였나니, 이는 다 모든 종교와 종파의 근본 원리를 알지 못하는 소치라 이 어찌 제불 제성의 본의시리요.'

종파들 사이에 '서로 융통을 보지 못한' 이유를 '교문을 별립하여 오랫동안 제도와 방편을 달리하여 온' 데서 찾으십니다.

그러나, 여러 해를 지내는 동안 그들도 차차 철이 들고 이해심이 생겨나서
말과 풍습이 서로 익어지고 그 형제되는 내역을 자상히 알고 보면
반드시 골육지친骨肉之親을 서로 깨달아 화합하게 될 것이니,

하지만, '세계의 모든 종교도 그 근본되는 원리는 본래 하나'임을 알려주십니다.
남남인 줄 알던 사람들이 형제간인 것을 알게 되는 것에 비유하십니다.

모든 교회의 서로 달라진 내역과,
그 근원은 원래 하나인 내역도 또한 이와 같으므로,

모든 종교의 근원이 '원래 하나'라는 것,
하지만 '서로 달라진 내역'도 있다는 것을 동시에 알려주십니다.
종교들이 서로 다른 것에 주착하면 '융통하고 화합'할 수 없습니다.
'서로 자가自家의 주장을 내세우고 다른 의견을 배척하여 더욱 시비가 분분'하게 됩니다.
서로 불신의 골이 깊어지면 종교간 갈등으로, 종교 전쟁으로 악화하기도 합니다.

하지만 대종사님은 그런 갈등과 대립이 사실은 부질없는 것임을 말씀하십니다.
'이는 다 모든 종교와 종파의 근본 원리를 알지 못하는 소치라 이 어찌 제불 제성의 본

의시리요.' - 「교법의 총설」

그런 부정적 현상들은 '제불 제성의 본의'와는 다른 것임을 말씀하십니다.

인지가 훨씬 개명되고 도덕의 빛이 고루 비치는 날에는
모든 교회가 한 집안을 이루어 서로 융통하고 화합하게 되나니라.]

'모든 교회가 한 집안을 이루어 서로 융통하고 화합'하면 좋으련만
아직 그렇지 못한 이유는 무엇일까요?
'인지가 훨씬 개명' 되어야 하는데 아직 그렇지 못하기 때문이고,
'도덕의 빛이 고루 비치'지 못하기 때문입니다.

'모든 교회의 서로 달라진 내역'을 안다고 해서,
'제불 제성의 본의'을 알았다고 해서
곧바로 '서로 융통하고 화합' 하게 되는 것은 아닙니다.

법문의 배다른 형제의 비유로 말하자면,
'여러 해를 지내는 동안 그들도 차차 철이 들고 이해심이 생겨나'는 과정이 필요하고,
'말과 풍습이 서로 익어지'는 서로의 오랜 노력이 필요합니다.
그래야 진정으로 '골육지친骨肉之親을 서로 깨달아 화합하게 될 것'입니다.
소태산 대종사님은 이미 '종교계의 장래'를 내다보시고 '개교'를 하셨습니다.
종교들의 서로 '같음'도 보시고 '다름'도 아셨습니다.
종교의 미래를 전망하며 새로운 역할을 하기 위해 새로운 교법으로
새로운 교문을 여신 것입니다.

대종사님은 '장차 회상會上을 열 때에도 불법으로 주체를 삼아 완전무결한 큰 회상을 이 세상에 건설하리라.' - 「서품」2장 라는 새 불교의 전망도 실현해야 했고,
'모든 교회가 한 집안을 이루어 서로 융통하고 화합'하기 위한 새 종교의 전망도 구체화해야 했습니다.

종교 현실에 대한 진단과 새로운 전망 그리고 실현 계획들이 『정전』「교법의 총설」에 담긴 것입니다.

불교 역시 '각종 각파'로 나뉜 내역을 '불교는 무상 대도^{無上大道}라 그 진리와 방편이 호대하므로 여러 선지식^{善知識}이 이에 근원하여 각종 각파로 분립하고 포교문을 열어 많은 사람을 가르쳐 왔으며'라고 설명하며,
그 대안의 대강을 다음과 같이 제시합니다.
'과거의 불교는 그 제도가 출세간^{出世間} 생활하는 승려를 본위하여 조직이 되었는지라, 세간 생활하는 일반 사람에 있어서는 모든 것이 서로 맞지 아니하였으므로, 누구나 불교의 참다운 신자가 되기로 하면 세간 생활에 대한 의무와 책임이며 직업까지라도 불고하게 되었나니, 이와 같이 되고 보면 아무리 불법이 좋다 할지라도 너른 세상의 많은 생령이 다 불은^{佛恩}을 입기 어려울지라, 이 어찌 원만한 대도라 하리요.' -「교법의 총설」

또한, '모든 교회가 한 집안을 이루어 서로 융통하고 화합'하기 위한 새 종교의 전망도 구체화해야 했으니, 대종사님의 새로운 교법은 '불법으로 주체를 삼'되 '모든 종교'의 교법까지 '통합 활용'하고자 합니다.
'그러므로, 우리는 우주 만유의 본원이요, 제불제성의 심인^{心印}인 법신불 일원상을 신앙의 대상과 수행의 표본으로 모시고, 천지·부모·동포·법률의 사은^{四恩}과 수양·연구·취사의 삼학^{三學}으로써 신앙과 수행의 강령을 정하였으며, 모든 종교의 교지^{教旨}도 이를 통합 활용하여 광대하고 원만한 종교의 신자가 되자는 것이니라.' -「교법의 총설」

결국 대종사님은 '광대하고 원만한 종교'의 문을 새롭게 여신 것입니다.
'파란고해의 일체 생령을 광대무량한 낙원' -「교법의 총설」으로 인도하려면,
세상 사람들이 모두 '광대하고 원만한 종교의 신자' -「교법의 총설」가 되어야 합니다.

'제불 제성의 심인'이란 개념을 본 법문의 비유에 대입한다면,
형제들이 서로 '골육지친'임을 깨닫게 하는 한 '아버지'라고 할 수 있습니다.
이런 교법으로 인해 원불교는 종교간의 서로 다름과 그로 인한 갈등을

극복하고자 한 것입니다.

앞으로 종교계의 미래는 각 종교의 신자들이 깊은 공부로
'광대하고 원만한 종교의 신자'가 되는 데 달렸다고 할 수 있습니다.
'광대하고 원만한 종교의 신자' - 「교법의 총설」가 된다면
'모든 교회가 한 집안을 이루어 서로 융통하고 화합하게' - 「전망품」13장 될 것이고,
그렇지 못한다면,
'교문을 별립하여 오랫동안 제도와 방편을 달리하여 온 만큼 교파들 사이에 서로 융통을 보지 못한 일이 없지 아니' - 「교법의 총설」했던 어두운 과거가 연장될 것이고,
종교간의 갈등은 심화되어 인류의 화합과 평화도 멀어질 것입니다.

'광대하고 원만한 종교의 신자'가 된다는 것은
하나의 특정 종교의 신자가 됨을 의미하지 않습니다.

'예수교에서도 예수의 심통 제자만 되면 나의 하는 일을 알게 될 것이요, 내게서도 나의 심통 제자만 되면 예수의 한 일을 알게 되리라. 그러므로, 모르는 사람은 저 교 이 교의 간격을 두어 마음에 변절한 것 같이 생각하고 교회 사이에 서로 적대시하는 일도 있지마는, 참으로 아는 사람은 때와 곳을 따라서 이름만 다를 뿐이요 다 한 집안으로 알게 되나니, 그대의 가고 오는 것은 오직 그대 자신이 알아서 하라.' - 「전망품」14장 라는 법문과 같이 각자의 종교를 신앙하고 수행하되 속 깊은 공부를 통해서 '제불 제성의 심인'에 이르는 '심통 제자'들이 되는 것이 중요합니다.

「개교의 동기」에 의하면 '진리적 종교의 신앙'과 '사실적 도덕의 훈련'에 정성을 다해야 '광대하고 원만한 종교의 신자'가 될 수 있습니다.

나의 마음공부

• 현재 세계 곳곳에서 일어나는 종교 분쟁의 원인은 무엇일까요?

• '서로 자가(自家)의 주장을 내세우고 다른 의견을 배척'하게 되는 이유는 무엇일까요?

• 모든 교회의 근원이 '원래 하나인 내역'을 모두 알려면 각 종교 신자들이 어떤 공부를 해야 할까요?

• 나는 다른 종교인들과 '얼른 서로 친하고 화해질 수' 있나요?

14

조송광이 처음 와 뵈오니, 대종사 말씀하시기를
[그대가 보통 사람보다 다른 점이 있어 보이니 어떠한 믿음이 있는가.]
송광이 사뢰기를
[여러 십 년 동안 하나님을 신앙하온 예수교 장로이옵니다.]
대종사 말씀하시기를
[그대가 여러 해 동안 하나님을 믿었다 하니 하나님이 어디 계시던가.]
송광이 사뢰기를
[하나님은 전지 전능하시고 무소 부재하사 계시지 아니하는 곳이 없다 하나이다.]
대종사 말씀하시기를
[그러면 그대가 늘 하나님을 뵈옵고 말씀도 듣고 가르침도 받았는가.]
송광이 사뢰기를
[아직까지는 뵈온 일도 없사옵고 말하여 본 적도 없나이다.]
대종사 말씀하시기를
[그러면 그대가 아직 예수의 심통 心通 제자는 못 되지 아니하였는가.]
송광이 여쭙기를
[어떻게 하오면 하나님을 뵈올 수도 있고 가르침을 받을 수도 있겠나이까.]
대종사 말씀하시기를
[그대가 공부를 잘하여 예수의 심통 제자만 되면 그리할 수 있나니라.]
송광이 다시 여쭙기를
[성경에 예수께서 말세에 다시 오시되 도둑같이 왔다 가리라 하였고
그 때에는 여러 가지 증거도 나타날 것이라 하였사오니
참으로 오시는 날이 있사오리까.]

대종사 말씀하시기를

[성현은 거짓이 없나니 그대가 공부를 잘하여 심령心靈이 열리고 보면

예수의 다녀가는 것도 또한 알리라.]

송광이 사뢰기를

[제가 오랫동안 저를 직접 지도하여 주실 큰 스승님을 기다렸삽더니,

오늘 대종사를 뵈오니 마음이 흡연洽然하여 곧 제자가 되고 싶나이다.

그러하오나, 한 편으로는 변절 같사와 양심에 자극이 되나이다.]

대종사 말씀하시기를

[예수교에서도 예수의 심통 제자만 되면 나의 하는 일을 알게 될 것이요,

내게서도 나의 심통 제자만 되면 예수의 한 일을 알게 되리라.

그러므로, 모르는 사람은 저 교 이 교의 간격을 두어

마음에 변절한 것 같이 생각하고 교회 사이에 서로 적대시하는 일도 있지마는,

참으로 아는 사람은 때와 곳을 따라서 이름만 다를 뿐이요

다 한 집안으로 알게 되나니,

그대의 가고 오는 것은 오직 그대 자신이 알아서 하라.]

송광이 일어나 절하고 제자 되기를 다시 발원하거늘,

대종사 허락하시며 말씀하시기를

[나의 제자된 후라도 하나님을 신봉하는 마음이 더 두터워져야 나의 참된 제자니라.]

『대종경』 「전망품」 14장

- **장로 長老** : (1)나이가 많고 학문과 덕이 높은 사람. (2)기독교 선교 및 교회의 운영에 참여하는 성직聖職의 한 계급. 투표에 의하여 선정되며, 교회의 추천과 노회 또는 지방회의 승인을 얻어 임직된다.
- **전지전능 全知全能** : 어떠한 사물이라도 잘 알고, 모든 일을 다 행할 수 있음. 또는 그런 능력.
- **무소부재 無所不在** : 존재하지 않는 곳이 없음. (필자 주) 하나님의 적극적 품성의 하나로, 그 존재와 섭리가 모든 피조물 속에 미쳐 있음을 이르는 말.
- **변절 變節** : 절개나 지조를 지키지 않고 마음을 바꿈.

예수의 심통心通 제자 | 풀이 |

조송광이 처음 와 뵈오니, 대종사 말씀하시기를
[그대가 보통 사람보다 다른 점이 있어 보이니 어떠한 믿음이 있는가.]
송광이 사뢰기를
[여러 십 년 동안 하나님을 신앙하온 예수교 장로이옵니다.]

수십 년간 기독교를 신앙한 장로 조송광과 소태산 대종사님의 대화입니다.
대종사님에게 '보통 사람보다 다른 점이 있어' 보일 정도였으니
그의 신앙생활이 오래도록 매우 독실했던 것 같습니다.

대종사 말씀하시기를
[그대가 여러 해 동안 하나님을 믿었다 하니 하나님이 어디 계시던가.]
송광이 사뢰기를
[하나님은 전지전능하시고 무소부재하사 계시지 아니하는 곳이 없다 하나이다.]

대종사님께서 조송광의 근기를 높이 보셨는지 매우 본질적인 질문을 하십니다.
'하나님'을 신앙했으니 그 '하나님'이 어디 계시냐고 묻습니다.
그러자 교회에서 배운 대로 '무소부재' 즉, 모든 곳에 존재한다고 응답합니다.

대종사 말씀하시기를
[그러면 그대가 늘 하나님을 뵈옵고 말씀도 듣고 가르침도 받았는가.]
송광이 사뢰기를
[아직까지는 뵈온 일도 없사옵고 말하여 본 적도 없나이다.]

대종사님께서 더 직접적으로 묻습니다.

'무소부재'하다고 했으니, 하나님을 직접 보고 말씀을 들을 수 있냐고 묻습니다.
조송광의 대답이 여기서 한계에 봉착합니다.
'무소부재無所不在'로 응답했으니, 언제 어디서나 하나님을 만나고, 보고, 듣고,
느낄 수 있어야 하는데, 실제로는 그런 적이 없었기 때문입니다.

이는 마치 원불교의 '처처불상 사사불공'이란 신앙 교리는 아는데
실제로 부처님을 만나거나, 보고, 듣고, 느낄 수 없다는 것과 같은 말입니다.
'우주 만유로서 천지 만물 허공 법계가 다 부처 아님이 없나니'-「교의품」4장 라는
대종사님의 가르침을 배우고 외우기는 했으나 온전히 깨닫지 못한 것과 같습니다.

대종사 말씀하시기를
[그러면 그대가 아직 예수의 심통心通 제자는 못 되지 아니하였는가.]

그 정도 단계라면 아직 '예수의 심통 제자'는 못 된 것 같다고 말씀하십니다.

송광이 여쭙기를
[어떻게 하오면 하나님을 뵈올 수도 있고 가르침을 받을 수도 있겠나이까.]
대종사 말씀하시기를
[그대가 공부를 잘하여 예수의 심통 제자만 되면 그리할 수 있나니라.]

잠시 대화가 순환 논리에 빠진 듯 반복됩니다.
대종사님은 조송광에게 '늘 하나님을 뵈옵고 말씀도 듣고 가르침도 받았는가.'라고
물으시고, 조송광은 '뵈온 일도 없사옵고 말하여 본 적도 없'다고 답합니다.
그래서 대종사님은 조송광에게 '심통 제자'가 못되었다고 하신 것입니다.
그런데, 조송광은 '어떻게 하오면 하나님을 뵈올 수도 있고 가르침을 받을 수도
있겠나이까.'라고 다시 질문한 것입니다.
차라리 '어떻게 해야 예수님의 심통제자가 될 수 있습니까?'라고 질문했어야 합니다.
질문이 반복되니 대종사님의 대답도 '예수의 심통제가' 되어야 한다고 반복됩니다.

전망품

간단한 질의응답으로서는 한계가 있는 어려운 주제의 대화였던 셈입니다.

송광이 다시 여쭙기를
[성경에 예수께서 말세에 다시 오시되 도둑같이 왔다 가리라 하였고
그 때에는 여러 가지 증거도 나타날 것이라 하였사오니
참으로 오시는 날이 있사오리까.]
대종사 말씀하시기를
[성현은 거짓이 없나니 그대가 공부를 잘하여 심령(心靈)이 열리고 보면
예수의 다녀가는 것도 또한 알리라.]

조송광이 이어서 질문을 합니다.
기독교 성경 내용 중에 평소에 이해하지 못했던 내용인 듯합니다.
대종사님은 구체적으로 응답하지 않으시고
'공부를 잘하여 심령이 열'려야 한다고 말씀하십니다.
요컨대, '심통 제자'가 되어야 한다는 말씀입니다.

송광이 사뢰기를
[제가 오랫동안 저를 직접 지도하여 주실 큰 스승님을 기다렸삽더니,
오늘 대종사를 뵈오니 마음이 흡연(洽然)하여 곧 제자가 되고 싶나이다.
그러하오나, 한 편으로는 변절 같사와 양심에 자극이 되나이다.]

조송광이 대종사님의 제자가 되기를 원하지만
기독교에 대한 '변절' 같아 주저된다고 솔직하게 고백합니다.

대종사 말씀하시기를
[예수교에서도 예수의 심통 제자만 되면 나의 하는 일을 알게 될 것이요,
내게서도 나의 심통 제자만 되면 예수의 한 일을 알게 되리라.

다시 '심통 제가'가 되어야 한다고 강조하십니다.
종교와 경계를 넘어설 만큼 깊이 있는 공부가 필요한 것입니다.
원불교 교리로는 '제불제성諸佛諸聖의 심인心印'을 깨달을 수 있어야
'심통 제자'가 되어 다른 종교와의 간격을 초월할 수 있는 것입니다.

그러므로, 모르는 사람은 저 교 이 교의 간격을 두어
마음에 변절한 것 같이 생각하고 교회 사이에 서로 적대시하는 일도 있지마는,
참으로 아는 사람은 때와 곳을 따라서 이름만 다를 뿐이요
다 한 집안으로 알게 되나니,

'참으로 아는 사람'이란 '심통 제자'를 이르는 말씀이고,
견성해서 '제불제성의 심인'까지 깨달은 공부인이라고 할 수 있습니다.
그래야 '세계의 모든 종교도 그 근본되는 원리는 본래 하나이나, 교문을 별립하여 오랫동안 제도와 방편을 달리하여 온 만큼 교파들 사이에 서로 융통을 보지 못한 일이 없지 아니하였나니, 이는 다 모든 종교와 종파의 근본 원리를 알지 못하는 소치라 이 어찌 제불 제성의 본의시리요.' - 「교법의 총설」라는 대종사님의 말씀을 이해하고 공감할 수 있습니다.

'이 교 저 교의 간격'을 초월할 수 있어야 한다는 말씀인데
이는 마치 나무의 왼쪽 가지와 오른쪽 가지가 서로 다른 가지로 보여도
사실은 한 나무의 한 뿌리에서 나온 같은 가지임을 아는 것과도 같습니다.
각 종교의 서로 다른 교리와 경전과 종교적 문화라는 '간격'을 넘어서려면
깊은 공부로 각 종교를 열어주신 '제불제성'의 '심통 제자'가 되어야 합니다.

그대의 가고 오는 것은 오직 그대 자신이 알아서 하라.]

대종사님은 진리적 종교들의 뿌리가 같음을 「전망품」13장에서 한 아버지의 여러 자녀들로 비유해서 알려주신 바 있습니다.

이런 사상에 바탕해서 「교법의 총설」에서는 '모든 종교의 교지(敎旨)도 이를 통합 활용하여 광대하고 원만한 종교의 신자가 되자'라고까지 설하셔서
'이 교 저 교의 간격'을 훌쩍 초월하십니다.
이런 사상을 가진 대종사님께서 종교간의 '간격'으로 갈등하는 조송광에게
'그대의 가고 오는 것은 오직 그대 자신이 알아서 하라.'라고 응답하신 것은
매우 자연스러운 일입니다.
어느 종교에 속하느냐가 중요한 것이 아니라
각자의 종교에서 깊이 공부해서 '심통 제자'가 되는 것이 중요한 것입니다.
선택은 각자의 자유인 것입니다.

물론 종교를 선택할 때는 「솔성요론」 1조 '사람만 믿지 말고 그 법을 믿을 것이요',
2조 '열 사람의 법을 응하여 제일 좋은 법으로 믿을 것이요'라는 가르침을
유념할 필요는 있습니다.

송광이 일어나 절하고 제자 되기를 다시 발원하거늘,
대종사 허락하시며 말씀하시기를
[나의 제자된 후라도 하나님을 신봉하는 마음이 더 두터워져야 나의 참된 제자니라.]

조송광의 발원에 응하시면서도 대종사님은
'이 교 저 교의 간격'을 넘어서고 녹여버리는 응답을 하십니다.
그리고 여전히 '예수의 심통제자'가 되어 제대로 '하나님을 신봉'하는 '원만한 종교의 신자'가 되라고 독려하십니다.

나의 마음공부

• 나는 부처님을 '늘 뵈옵고 말씀도 듣고 가르침도 받'고 있나요?

• 나는 소태산 대종사님의 '심통 제자'인가요?

• 나는 '제불제성의 심인'을 얼마나 깨달았나요?

• 나는 '이 교 저 교의 간격'을 얼마나 초월하고 있나요?

15

대종사 말씀하시기를
[내가 어느 날 불경佛經을 보니 이러한 이야기가 있더라.
한 제자가 부처님께 여쭙기를
"저희들은 부처님을 뵈옵고 법설을 들으면 존경심과 환희심이 한없이 나옵는데,
어떤 사람은 도리어 흉을 보고 비방도 하며 사람들의 출입까지 방해하기도 하오니,
부처님께서는 항상 자비심으로 가르쳐 주시거늘
그 중생은 무슨 일로 그러하는지 그 이유를 알고 싶나이다" 하매,
부처님께서 대답하시기를
"저 해가 동녘 하늘에 오름에 제일 높은 수미산須彌山 상봉에 먼저 비치고,
그 다음에 고원高原에 비치고, 그러한 후에야 일체 대지 평야에까지 비치나니,
태양이 차별심이 있어서 높은 산은 먼저 비치고 평야는 나중에 비치는 것이 아니라,
태양은 다만 무심히 비치건마는 땅의 고하를 따라
그와 같이 선후의 차별이 있게 되나니라.
여래의 설법도 그와 같아서 무량한 지혜의 광명은 차별없이 나투건마는
각자의 근기에 따라서 그 법을 먼저 알기도 하고 뒤에 알기도 하나니
한 자리에서 같은 법문을 들을지라도 보살菩薩들이 먼저 알아듣고,
그 다음에 연각緣覺, 성문聲聞, 결정선근자決定善根者가 알아듣고,
그 다음에야 무연無緣 중생까지라도 점진적으로 그 혜광을 받게 되나니라.
그런데, 미한 중생들이 부처의 혜광을 받아 살면서도 불법을 비방하는 것은
마치 소경이 해의 혜택을 입어 살면서도 해를 보지 못하므로
해의 혜택이 없다 하는 것과 같나니라.
그런즉, 너는 너의 할 일이나 잘할 것이요,
결코 그러한 어리석은 중생들을 미워하지 말며,
또는 낙심하거나 퇴굴심을 내지도 말라.

그 어찌 인지의 차등이 없으리요"하셨다 하였더라.
그대들은 이 말씀을 범연히 듣지 말고
각자의 전정에 보감을 삼아서 계속 정진할 것이요,
결단코 남의 잘못하는 것과 몰라주는 것에 너무 관심하지 말라.
이 세상의 변천도 주야 변천되는 것과 다름이 없어서
어둡던 세상이 밝아질 때에는 모든 중생이 고루 불은佛恩을 깨닫고
불은에 보답하기 위하여 서로 노력하게 되나니라.]

『대종경』「전망품」15장

- 수미산須彌山 : 세계의 중앙에 있다는 산. 꼭대기에 제석천帝釋天이, 중턱에는 사천왕四天王이 살며, 그 높이가 8만 유순由旬이라고 함.
- 보살 菩薩 : 싼스끄리뜨보디사뜨바(bodhisattva)의 음사音寫인 보리살타菩提薩埵의 준말. 보디(bodhi)는 budh(깨닫다)에서 파생된 말로 깨달음・지혜・불지佛智라는 의미를 지니며, 사뜨바(sattva)는 생명 있는 존재, 곧 중생衆生・유정有情을 뜻한다. 보살의 일반적인 정의는 '보리를 구하고 있는 유정으로서 보리를 증득證得할 것이 확정된 유정', '구도자求道者' 또는 '지혜를 가진 사람', '지혜를 본질로 하는 사람' 등으로 풀이할 수 있다. 일반적으로 사홍서원을 세우고 육바라밀을 수행하면서 상구보리 하화중생을 실천하는 사람을 말한다. 대승불교의 이상적 인간상으로 수행에 힘쓰는 사람들의 총칭이다.
- 연각緣覺 : pratyeka–buddha. 부처님의 가르침을 받지 않고 스승도 없이 스스로 깨달아, 혼자서 고독을 즐기며 설법이나 교화도 하지 않는 성자. 혼자서 깨달았다고 해서 독각獨覺이라고도 하고, 벽지불辟支佛이라고도 한다. 이는 소승보살이다.
- 성문 聲聞 : 가르침을 듣는 수행승. 연각緣覺・보살菩薩과 함께 삼승三乘의 하나. 가르침을 듣는 자를 의미하는 싼스끄리뜨 슈라바카(śrāvaka)의 의역. 부처님 당시에는 원래의 뜻 그대로 재가출가의 구분 없이 부처님의 가르침을 듣는 불제자를 의미했다. 부처님이 가르치는 음성을 듣고서 수행하는 사람. 자기의 깨달음만을 구하는데 전념하는 성자. 자기의 완성에만 주력하는 출가승.
- 결정선근자 決定善根者 : 결정보를 받을 수 있을 만큼의 큰 수행을 통하여 선과善果를 받을 만한 선인善因을 지은 수행자로 결정보는 결정업決定業 또는 정업定業이라고도 한다. 선근의 과보가 결정된 수행자를 의미한다.

어둡던 세상이 밝아질 때 | 풀이 |

대종사 말씀하시기를
[내가 어느 날 불경佛經을 보니 이러한 이야기가 있더라.

소태산 대종사님께서 불경 내용을 인용해서 법문을 하십니다.
『원불교대종경해의』(한정석)에 의하면 본 법문의 '불경'은 『화엄경』입니다.

한 제자가 부처님께 여쭙기를
"저희들은 부처님을 뵈옵고 법설을 들으면 존경심과 환희심이 한없이 나옵는데,
어떤 사람은 도리어 흉을 보고 비방도 하며 사람들의 출입까지 방해하기도 하오니,
부처님께서는 항상 자비심으로 가르쳐 주시거늘
그 중생은 무슨 일로 그러하는지 그 이유를 알고 싶나이다" 하매,

석가모니 부처님과 제자와의 문답입니다.
중생들은 왜 부처님 법문을 비방하는지 알 수 없다는 질문입니다.

부처님께서 대답하시기를
"저 해가 동녘 하늘에 오름에 제일 높은 수미산須彌山 상봉에 먼저 비치고,
그 다음에 고원高原에 비치고, 그러한 후에야 일체 대지 평야에까지 비치나니,
태양이 차별심이 있어서 높은 산은 먼저 비치고 평야는 나중에 비치는 것이 아니라,
태양은 다만 무심히 비치건마는 땅의 고하를 따라
그와 같이 선후의 차별이 있게 되나니라.
여래의 설법도 그와 같아서 무량한 지혜의 광명은 차별없이 나투건마는
각자의 근기에 따라서 그 법을 먼저 알기도 하고 뒤에 알기도 하나니
한 자리에서 같은 법문을 들을지라도 보살菩薩들이 먼저 알아듣고,

그 다음에 연각緣覺, 성문聲聞, 결정선근자決定善根者가 알아듣고,
그 다음에야 무연無緣 중생까지라도 점진적으로 그 혜광을 받게 되나니라.

석가모니 부처님의 비유 설법입니다.
햇빛이 높은 산부터 비치는 것과 같이,
여래의 설법도 '각자의 근기에 따라서 그 법을 먼저 알기도 하고 뒤에 알기도'
한다고 설명해주십니다.
그 순서는 보살, 연각, 성문, 결정선근자, 무연 중생의 순이라고 알려주십니다.

그런데, 미한 중생들이 부처의 혜광을 받아 살면서도 불법을 비방하는 것은
마치 소경이 해의 혜택을 입어 살면서도 해를 보지 못하므로
해의 혜택이 없다 하는 것과 같나니라.

요컨대, 중생들이 불법을 비방하는 것은
해를 못 보는 소경이 해의 혜택을 무시하는 것과 같다고 설하십니다.

그런즉, 너는 너의 할 일이나 잘할 것이요,
결코 그러한 어리석은 중생들을 미워하지 말며,
또는 낙심하거나 퇴굴심을 내지도 말라.
그 어찌 인지의 차등이 없으리요"하셨다 하였더라.

결국 부처님께서는 '인지의 차등'이 괜한 비방의 원인이라고 답하십니다.
그러니 중생들의 비방을 이유로 그들을 미워하지도 말고,
낙심이나 퇴굴심도 내지 말고, '할 일이나 잘할 것'을 주문하십니다.

그대들은 이 말씀을 범연히 듣지 말고
각자의 전정에 보감을 삼아서 계속 정진할 것이요,
결단코 남의 잘못하는 것과 몰라주는 것에 너무 관심하지 말라.

여기서부터는 다시 대종사님의 법문입니다.
비슷한 경계에 대해서 '너무 관심하지 말라'고 하시며,
'계속 정진할 것'만을 강조하십니다.
마치 「법위등급」'법마상전급' 조항에서
'천만 경계 중에서 사심을 제거하는 데 재미를 붙이고 무관사無關事에 동하지 않으며'라
고 설하신 바와 같습니다.

이 세상의 변천도 주야 변천되는 것과 다름이 없어서
어둡던 세상이 밝아질 때에는 모든 중생이 고루 불은佛恩을 깨닫고
불은에 보답하기 위하여 서로 노력하게 되나니라.]

덧붙이시길, 나중에는 '어둡던 세상이 밝아질' 것이고,
그때는 중생들이 부처님의 은혜를 깨달아 보은하려고 할 것이라고 설하십니다.
인지가 어두워서 그러니 마음을 편하게 가지라는 말씀 같습니다.

대종사님께서 이런 불경 내용을 인용한 것은 비슷한 경계가 있었기 때문일 것입니다.
제자들에게 그런 경계에 응하는 법을 가르쳐주기 위해서 불경을 인용하신 듯합니다.
수천 년이 지나도 공부법은 다르지 않은 것 같습니다.

나의 마음공부

• 원불교나 소태산 대종사님을 별 이유도 없이 비방하는 사람을 보면 어떤 마음이 드나요?

• 나는 '남의 잘못하는 것과 몰라주는 것에 너무 관심하지' 않을 수 있나요?

• 세상 사람들의 근기는 어느 정도인 것 같나요?

• '어둡던 세상이 밝아질 때'는 언제일까요?

16

최도화崔道華 여쭙기를

[이 세상에 미륵불彌勒佛의 출세와 용화회상龍華會上의 건설을 목마르게 기다리는 사람이 많사오니 미륵불은 어떠한 부처님이시며 용화회상은 어떠한 회상이오니까.]

대종사 말씀하시기를

[미륵불이라 함은 법신불의 진리가 크게 들어나는 것이요,
용화 회상이라 함은 크게 밝은 세상이 되는 것이니,
곧 처처불상處處佛像 사사불공事事佛供의 대의가 널리 행하여지는 것이니라.]

장적조 여쭙기를

[그러하오면, 어느 때나 그러한 세계가 돌아오겠나이까.]

대종사 말씀하시기를

[지금 차차 되어지고 있나니라.]

정세월鄭世月이 여쭙기를

[그중에도 첫 주인이 있지 않겠나이까.]

대종사 말씀하시기를

[하나하나 먼저 깨치는 사람이 주인이 되나니라.]

『대종경』「전망품」 16장

- 미륵불 彌勒佛 : 대승불교의 대표적 보살 가운데 하나로, 석가모니불에 이어 중생을 구제할 미래의 부처. 싼스끄리뜨로는 마이트레야(Maitreya)이며, 미륵은 성씨이고 이름은 아지타(Ajita, 阿逸多)이다. 아일다阿逸多·무승無勝·막승莫勝이라고도 번역된다. 성인 미륵은 자씨慈氏로 번역되어 흔히 자씨보살로도 불린다. 미륵은 인도 바라내국의 바라문 집에 태어나 석가세존의 교화를 받았는데, 미래에 성불하리라는 수기를 받아 도솔천兜率天에 올라가 있으며, 지금 그곳에서 천인天人들을 교화시키고 있는 중이라고 한다. 석가세존이 입멸한 뒤 56억 7천만 년을 지나 다시 이 사바세계에 출현하여, 화림원華林院 안의 용화수龍華樹 아래에서 성도하고, 3회의 설법으로써 석가세존의 교화에서 빠진 모든 중생을 제도한다는 것이다. 당시의 세계는 낙원인 용화회상龍華會上이 되는데, 사시의 기후가 화창하고 사람들은 병이 없으며, 탐하고 성내고 어리석은 사람이 없으며, 모두가 평등하고 사이좋게 사는 세상이 된다. 이런 내용은 『불설미륵하생경佛說彌勒下生經』, 『불설미륵하생성불경佛說彌勒下生成佛經』, 『불설미륵대성불경佛說彌勒大成佛經』, 『불설미륵래시경佛說彌勒來時經』 등 일련의 미륵경전에 다양하게 묘사되어 있다.
- 용화회상 龍華會上 : 미륵불의 회상. 미륵불이 출세하여 세 번의 법회로 많은 중생을 제도하게 되는 미래세계의 큰 회상을 의미한다. 미륵보살이 성불한 후에 중생을 제도하기 위해 연 법회.

미륵불彌勒佛 |풀이|

최도화崔道華 여쭙기를
[이 세상에 미륵불彌勒佛의 출세와 용화회상龍華會上의 건설을
목마르게 기다리는 사람이 많사오니
미륵불은 어떠한 부처님이시며 용화회상은 어떠한 회상이오니까.]

조선의 몰락과 일제의 침탈로 인한 혼란과 고통에 빠진 일부 민중들은
말세론의 영향 아래 미륵불의 출세를 고대했습니다.
새로운 세상의 도래를 바라는 마음은 용화회상에 대한 동경을 낳았습니다.
이런 세태를 반영한 제자의 질문으로 보입니다.

대종사 말씀하시기를
[미륵불이라 함은 법신불의 진리가 크게 들어나는 것이요,

소태산 대종사님의 대답은 단순 명료합니다.
'미륵불'을 '법신불의 진리'와 등치等値 하십니다.
인격체의 출현으로 보지 않고 '법신불의 진리가 크게 들어나는 것'으로 풀이하십니다.
(여기서 '들어나는'은 '드러나는'으로 보면 됨.-필자 주)
'인물'을 물었는데 '사태'로 응답하신 셈입니다.

대종사님은 왜 '미륵불'을 석가모니불 같은 인물로서의 부처로 보지 않았을까요?
필자 개인의 추측성 해석을 덧붙이자면,
어쩌면 대종사님은 '법신불의 진리'를 '크게 드러내는' 인물에 대한 언급을
의도적으로 생략했다고 볼 수도 있습니다.
또는 그런 일은 소수의 특정 인물로 되는 것이 아니기 때문일 수도 있습니다.

전망품

더구나 메시아 같은 인물의 출현에 대한 기대는 사람들에게 희망을 주기도 하지만 동시에 미신적 행태와 부작용을 야기할 수 있기 때문입니다.
자칫하면 '공부 없이 도통을 꿈꾸는 무리와, 노력 없이 성공을 바라는 무리와, 준비 없이 때만 기다리는 무리' - 「전망품」9장 들을 양산할 수 있기 때문입니다.

요컨대, 대종사님은 미륵불을 한 명의 부처로 보지 않으셨습니다.
기존의 해석과는 전혀 다른 해석입니다.

용화회상이라 함은 크게 밝은 세상이 되는 것이니,
곧 처처불상處處佛像 사사불공事事佛供의 대의가 널리 행하여지는 것이니라.]

간단히 말하자면 용화회상은 미륵불이 출현해서 만든 불교적 이상사회입니다.
대종사님은 용화회상을 '크게 밝은 세상'으로 풀이하십니다.
이 또한 기존의 관념을 깨는 새로운 가르침입니다.
물론 여기서 '밝은' 세상이란 물리적으로 밝은 세상이 아닙니다.
'처처불상處處佛像 사사불공事事佛供의 대의가 널리 행하여'질 만큼
'인지가 발달된' - 「교의품」10장 세상을 의미합니다.

처처불상處處佛像이란 '천지 만물 허공 법계가 다 부처 아님이 없나니, 우리는 어느 때 어느 곳이든지 항상 경외심을 놓지 말고 존엄하신 부처님을 대하는 청정한 마음과 경건한 태도로 천만 사물에 응' - 「교의품」4장 함을 의미하는 원만한 신앙의 표어입니다.
사사불공이란 '천만 사물의 당처에 직접 불공하기를 힘써서 현실적으로 복락을 장만'
- 「교의품」4장 함을 의미하는 사실적 신앙의 표어입니다.

따라서 '처처불상과 사사불공의 대의가 널리 행하여'지려면
'법신불 사은' 신앙이 반드시 필요합니다.
대종사님께서 왜 '미륵불이라 함은 법신불의 진리가 크게 들어나는 것'이라고 하셨는지 알 수 있습니다.

'미륵불'을 특정 인물로 봐서는 결코 할 수 없는 교리 설명입니다.

장적조 여쭙기를
[그러하오면, 어느 때나 그러한 세계가 돌아오겠나이까.]
대종사 말씀하시기를
[지금 차차 되어지고 있나니라.]

미륵불의 출세를 기다리는 사람들은 당연히 특정한 출현 시점을 궁금해했습니다.
특정 인물로서의 미륵불을 전제하기 때문입니다.
그리고 그때가 바로 새로운 세상이 열리는 때라고 생각했기 때문입니다.
그런데 대종사님의 대답은 그들의 기대와 다릅니다.
'지금 차차 되어지고 있나니라.'라고 대답하십니다.
특정한 '때'가 아니고 현재 진행형인 것입니다.
'법신불의 진리가 크게 드러나는 것'을 미륵불로 정의했기에 가능한 대답입니다.
대종사님의 말씀은 수미일관首尾一貫합니다.

정세월鄭世月이 여쭙기를
[그중에도 첫 주인이 있지 않겠나이까.]
대종사 말씀하시기를
[하나하나 먼저 깨치는 사람이 주인이 되나니라.]

제자들은 계속해서 '인물'을 묻습니다.
대종사님께서 드디어 인물로 응답을 하십니다만,
예정된 특정 인물이 아니라 '하나하나 먼저 깨치는 사람'이라고 말씀하십니다.
'하나하나 먼저', '법신불의 진리'를 '깨치는 사람'들만이
'처처불상 사사불공의 대의'를 '널리 행'할 수 있기 때문입니다.

대종사님은 '장차 회상을 열 때에도 불법으로 주체를 삼아 완전 무결한 큰 회상을 이 세

상에 건설하리라' -「서품」2장 라고 선언하셨지만,
'부처님의 무상 대도에는 변함이 없으나 부분적인 교리와 제도는 이를 혁신하여, 소수인의 불교를 대중의 불교로, 편벽된 수행을 원만한 수행으로 돌리자는 것이니라.' -「서품」16장 라고 하여 불교의 혁신도 공언하셨습니다.
교리와 제도의 혁신에는 당연히 과거 불교 교리에 대한 새로운 해석도 포함될 수밖에 없습니다.
'미륵불'과 '용화회상'에 대한 새로운 해석은 이미 대종사님께서 새 회상을 열 때부터 예견된 것입니다.

나의 마음공부

• 나도 '미륵불'이 될 수 있을까요?

• 나는 어떻게 해야 '미륵불'이 될 수 있을까요?

• '용화회상'은 어디에 건설되는 회상인가요?

• 나는 '용화회상'을 어디에, 어떻게 건설해야 할까요?

17

박사시화(朴四時華) 여쭙기를
[지금 어떤 종파들에서는
이미 미륵불이 출세하여 용화회상을 건설한다 하와 서로 주장이 분분하오니
어느 회상이 참 용화 회상이 되오리까.]
대종사 말씀하시기를
[말만 가지고 되는 것이 아니니,
비록 말은 아니 할지라도 오직 그 회상에서
미륵불의 참뜻을 먼저 깨닫고 미륵불이 하는 일만 하고 있으면
자연 용화 회상이 될 것이요
미륵불을 친견할 수도 있으리라.]

『대종경』「전망품」 17장

용화회상龍華會上 | 풀이 |

박사시화朴四時華 여쭙기를
[지금 어떤 종파들에서는
이미 미륵불이 출세하여 용화 회상을 건설한다 하와 서로 주장이 분분하오니
어느 회상이 참 용화 회상이 되오리까.]

미륵불을 자칭하며 용화회상 건설을 표방하는 종파가 난립했던 시기에
충분히 나올 만한 질문입니다.

대종사 말씀하시기를
[말만 가지고 되는 것이 아니니,

'말'을 하기는 쉽습니다.
어리석은 사람들은 그 '말'에 현혹되기 쉽습니다.
'말'보다는 '말'에 따르는 행동이 중요하고
말하는 사람들이 하는 '일'이 무엇인지가 중요합니다.
그 '말'의 진위와 허실을 알려면 그 사람이 하고 있는 '일'을 보아야 합니다.

비록 말은 아니 할지라도 오직 그 회상에서
미륵불의 참뜻을 먼저 깨닫고 미륵불이 하는 일만 하고 있으면

이미 소태산 대종사님은 '미륵불의 참뜻'을 말씀하셨습니다.
'법신불의 진리가 크게 들어나는(드러나는-필자 주) 것'이라고.
요컨대, 사람들이 진리에 바탕해서 살아가는 세상이 되어야 하고
이를 위해서 노력하는 사람들이 미륵불의 역할을 한다고 할 수 있습니다.

「개교의 동기」에 의하면 '진리적 종교의 신앙'을 하고,
'사실적 도덕의 훈련'을 하는 것,
'파란고해의 일체 생령을 광대무량한 낙원으로 인도'하는 일이 바로
'미륵불이 하는 일'이라고 하겠습니다.

'용화회상'이란 '크게 밝은 세상이 되는 것'이고,
'처처불상處處佛像 사사불공事事佛供의 대의가 널리 행하여지는 것'-「전망품」16장 입니다.
'진리가 크게 드러나는'-「전망품」16장 세상이 '크게 밝은 세상' 입니다.
미륵불의 세상이 바로 용화회상인 것입니다.

자연 용화 회상이 될 것이요
미륵불을 친견할 수도 있으리라.]

'하나하나 먼저 깨지는 사람'-「전망품」16장 들이 만드는
'크게 밝은 세상'인 '광대무량한 낙원' 세상이 '용화회상'인 것입니다.
지혜로운 사람들의 눈엔 그 일을 하는 사람들이 또렷이 보입니다.

'미륵불'은 이마에 '미륵불'이란 표식을 달고 오지 않습니다.
미륵불보다 미륵불의 의미가 중요합니다.
말보다 행동이 중요합니다.
어떤 인물보다 그 인물이 하는 일이 중요합니다.
영웅 같은 한 인물보다 진리를 깨친 여러 사람이 중요합니다.
'용화회상'도 마찬가지입니다.
용화회상이 무엇을 의미하는지, 어떻게 그런 세상을 만들 수 있는지가 중요합니다.
언어적 수사가 아니라 실질과 내용이 중요한 것입니다.

나의 마음공부

• 나는 '미륵불이 하는 일'을 잘 알고 있나요?

• 나는 '용화회상'을 보았나요?

• 내가 하는 일은 '용화회상'을 건설하는 데 도움이 될까요?

• 나는 '미륵불을 친견' 해보았나요?

18

서대원이 여쭙기를
[미륵불 시대가 완전히 돌아와서
용화회상이 전반적으로 건설된 시대의 형상은 어떠하오리까.]
대종사 말씀하시기를
[그 시대에는 인지가 훨씬 밝아져서
모든 것에 상극이 없어지고 허실虛實과 진위眞僞를 분간하여
저 불상에게 수복壽福을 빌고 원하던 일은 차차 없어지고,
천지 만물 허공 법계를 망라하여 경우와 처지를 따라 모든 공을 심어,
부귀도 빌고 수명도 빌며,
서로서로 생불生佛이 되어 서로 제도하며,
서로서로 부처의 권능 가진 줄을 알고 집집마다 부처가 살게 되며,
회상을 따로 어느 곳이라고 지정할 것이 없이
이리 가나 저리 가나 가는 곳마다 회상 아님이 없을 것이라,
그 광대함을 어찌 말과 글로 다 하리요.
이 회상이 건설된 세상에는 불법이 천하에 편만하여
승속僧俗의 차별이 없어지고 법률과 도덕이 서로 구애되지 아니하며
공부와 생활이 서로 구애되지 아니하고
만생이 고루 그 덕화를 입게 되리라.]

『대종경』「전망품」18장

서로서로 생불生佛이 되어 | 풀이 |

서대원이 여쭙기를
[미륵불 시대가 완전히 돌아와서
용화회상이 전반적으로 건설된 시대의 형상은 어떠하오리까.]

미륵불이 만든 용화회상, 즉 불교적 이상 세계를 제자가 궁금해합니다.

대종사 말씀하시기를
[그 시대에는 인지가 훨씬 밝아져서

교리적으로 부연하자면,
사람들이 마음공부로 삼대력이 증진되어 지혜로워진 세상입니다.

모든 것에 상극이 없어지고

'상극'이 없어진다는 것은 '은혜'의 윤리가 편만해져서
'상생'의 세상이 된다는 것을 의미합니다.

허실虛實과 진위眞僞를 분간하여
저 불상에게 수복壽福을 빌고 원하던 일은 차차 없어지고,

'인과보응의 이치'를 깨달아야 '허실과 진위'를 분간할 수 있습니다.
'대소유무'의 이치를 알아야 '시비이해'를 제대로 분별할 수 있습니다.
그래야 '불상'에게 수명과 죄복을 비는 일이 부질없음을 알게 됩니다.
빌더라도 '불상'이 상징하는 진리를 대상으로 기원할 수 있을 것입니다.

'이 우주 만유 전체가 죄복을 직접 내려주는 사실적 권능이 있는 것을 알아서 진리적으로 믿어 나아가는 대상을 삼을 것' - 「교의품」8장 입니다.

천지 만물 허공 법계를 망라하여 경우와 처지를 따라 모든 공을 심어,
부귀도 빌고 수명도 빌며,

죄복의 출처를 사실적으로 알게 되면 당연히 불공의 대상이 바뀌게 됩니다.
자연히 불공의 방법도 인과의 이치에 맞게 변화합니다.

'과거의 불공 법과 같이 천지에게 당한 죄복도 불상佛像에게 빌고, 부모에게 당한 죄복도 불상에게 빌고, 동포에게 당한 죄복도 불상에게 빌고, 법률에게 당한 죄복도 불상에게만 빌 것이 아니라, 우주 만유는 곧 법신불의 응화신應化身이니, 당하는 곳마다 부처님(處處佛像)이요, 일일이 불공 법(事事佛供)이라, 천지에게 당한 죄복은 천지에게, 부모에게 당한 죄복은 부모에게, 동포에게 당한 죄복은 동포에게, 법률에게 당한 죄복은 법률에게 비는 것이 사실적인 동시에 반드시 성공하는 불공 법이 될 것이니라.' - 『정전』「불공하는 법」

서로서로 생불生佛이 되어 서로 제도하며,
서로서로 부처의 권능 가진 줄을 알고 집집마다 부처가 살게 되며,

수천 년 전에 인도에서 출세하신 석가모니 부처님만 부처님이 아니요.
아득한 미래 세상에 출세하실 미륵부처님만 부처님이 아닌 것을 알게 됩니다.
중생이 진리를 깨달아 공을 들이면 모두 부처가 될 수 있고,
죄복을 주는 사실적 권능을 각자가 가지고 있음을 깨닫게 되어,
서로 '생불'이 되어 서로 불공하는 은혜가 충만한 세상을 전망하십니다.
'집집마다 부처'가 사는 세상입니다.

회상을 따로 어느 곳이라고 지정할 것이 없이

이리 가나 저리 가나 가는 곳마다 회상 아님이 없을 것이라,
그 광대함을 어찌 말과 글로 다 하리요.

법신불의 진리와 사은의 윤리가 편만한 세상이 되고,
처처불상 사사불공의 대의가 편만한 세상이니,
'회상'이 따로 있지 않고 어디나 회상인 세상입니다.
수행도 '무시선無時禪 무처선無處禪'으로 하고,
신앙도 '처처불상處處佛像 사사불공事事佛供'으로 하니,
이 세상이 바로 '광대무량한 낙원'인 것입니다.
용화회상의 실다운 모습입니다.

이 회상이 건설된 세상에는 불법이 천하에 편만하여
승속僧俗의 차별이 없어지고 법률과 도덕이 서로 구애되지 아니하며
공부와 생활이 서로 구애되지 아니하고
만생이 고루 그 덕화를 입게 되리라.]

출가와 재가의 불필요한 차별이 사라지고,
법률과 도덕의 간극이 메워지고,
생활 속에서 공부하고 공부로 생활을 빛내는 세상입니다.

대종사님께서 「서품」8장에서
'우리가 건설할 회상은 과거에도 보지 못하였고 미래에도 보기 어려운 큰 회상이라, 그러한 회상을 건설하자면 그 법을 제정할 때에 도학과 과학이 병진하여 참 문명 세계가 열리게 하며, 동動과 정靜이 골라 맞아서 공부와 사업이 병진되게 하고, 모든 교법을 두루 통합하여 한 덩어리 한 집안을 만들어 서로 넘나들고 화하게 하여야 하므로, 모든 점에 결함됨이 없이 하려함에 자연 이렇게 일이 많도다.'라고 말씀하신 바와 일맥 상통합니다.

'차별'과 '구애拘礙', '상극'의 세상에서
'평등'과 '자유', '상생'의 세상으로 진급하기를 발원하고
그런 세상이 반드시 올 것이라고 밝게 전망하십니다.
용화회상의 모습임과 동시에 원불교의 비전이요 전망이라고 할 수 있습니다.

용화회상은 미륵불과 같은 위대한 한 인물이 만들 수 있는 세상이 아닙니다.
모든 사람이 부처가 되어야 가능한 세상입니다.
멀다면 멀고 가깝다면 가까운 세상입니다.
구세주를 기다리는 의존적 삶의 태도로는 만들 수 없는 세상입니다.
'서로서로 생불生佛이 되어 서로 제도'해야 만들 수 있는 세상입니다.

나의 마음공부

- 나는 '허실虛實과 진위眞僞'를 잘 '분간'할 수 있나요?

- 나는 '천지 만물 허공 법계를 망라하여 경우와 처지를 따라 모든 공을 심'고 있나요?

- 나는 얼마만큼 '생불生佛'이 되었나요?

- 나는 '공부와 생활이 서로 구애되지' 않는 생활을 하고 있나요?

- 나는 '용화회상' 건설을 위해 어떤 노력을 하고 있나요?

19

대종사 말씀하시기를
[근래 어떤 사람들은
이 세상은 말세가 되어 영영 파멸 밖에는 길이 없다고 하나
나는 그렇지 않다고 하노니,
성인의 자취가 끊어진 지 오래고 정의 도덕이 희미하여졌으니
말세인 것만은 사실이나,
이 세상이 이대로 파멸되지는 아니하리라.
돌아오는 세상이야말로 참으로 크게 문명한 도덕 세계일 것이니,
그러므로 지금은 묵은 세상의 끝이요, 새 세상의 처음이 되어,
시대의 앞길을 추측하기가 퍽 어려우나
오는 세상의 문명을 추측하는 사람이야
어찌 든든하지 아니하며 즐겁지 아니하리요.]

『대종경』「전망품」19장

묵은 세상의 끝 새 세상의 처음 | 풀이 |

대종사 말씀하시기를
[근래 어떤 사람들은
이 세상은 말세가 되어 영영 파멸 밖에는 길이 없다고 하나

종말론, 말세론의 역사는 거의 종교의 역사와 같다고 할 수 있습니다.
오래전부터 있었습니다.
유일신의 심판과 결부시켜서 교화의 방편으로 활용되기도 했고,
삿된 무리들은 사적 이익을 위해 악용하기도 해서 문제가 되기도 했습니다.

나는 그렇지 않다고 하노니,
성인의 자취가 끊어진 지 오래고 정의 도덕이 희미하여졌으니
말세인 것만은 사실이나,
이 세상이 이대로 파멸되지는 아니하리라.

대종사님께서도 '말세'를 어떤 면에서는 인정하십니다만,
대종사님이 생각하시는 말세는 세상이 갑자기 '파멸' 되는 의미의 말세가 아닙니다.
'성인이 자취가 끊어진 지 오래고 정의 도덕이 희미하여' 짐을 의미합니다.
불교의 정법·상법·말법의 구분 기준과 비슷합니다.

• **말법 末法** : 싼스끄리뜨 삿다르마 비프라로파(saddharma-vipralopa)를 의역한 것으로 불타의 올바른 가르침이 끊어져 없어졌다는 것. 말법시대는 그렇게 된 시대를 지칭하는 것으로서 말세末世·말대末代라고도 한다. 불교의 일반적 의미로는 대도정법이 쇠약한 시대. 오탁악세汚濁惡世. 부처님이 열반한 후 정법正法·상법像法을 지나서 오게 되는 혼란하고 어지러운 세상. 부처님 열반 후 1천 년까지를 정법(일설에는 5백년), 그 다음 1천 년까지를 상법, 그 후 1만 년까지를 말법이라 한다. 사회 일반적 의미로는 윤리 도덕이 타락한 시대. 인간이 올바른 가치관을 상실한 시대를 말한다. 불교 문헌에 따르면 불교의 가르침은 정법正法·상법像法·말법末法의 3단계를 거쳐 사라진다고 한다.

돌아오는 세상이야말로 참으로 크게 문명한 도덕 세계일 것이니,

대종사님은 「서품」8장에서,
'우리가 건설할 회상은 과거에도 보지 못하였고 미래에도 보기 어려운 큰 회상'이라고 말씀하셨습니다.
이어서 '그러한 회상을 건설하자면 그 법을 제정할 때에 도학과 과학이 병진하여 참 문명 세계가 열리게 하며, 동動과 정靜이 골라 맞아서 공부와 사업이 병진되게 하고, 모든 교법을 두루 통합하여 한 덩어리 한 집안을 만들어 서로 넘나들고 화하게 하여야' 하겠다고 발원하십니다.
그러므로 '모든 점에 결함됨이 없이 하려함에 자연 이렇게 일이 많도다.'라고 토로하시며 '일이 많'은 어려움을 무릅쓰십니다.

'참으로 크게 문명한 도덕 세계'를 꿈꾸셨기 때문에
이를 위한 교법을 짜고 이를 위한 여러 일들을 마다하지 않으셨던 것입니다.
소태산 대종사님께서 대각을 하시고 새 회상을 건설하시면서 했던 여러 일들이
역사 속 성현님들의 그것과 상당히 다른 면이 있는 이유입니다.

그러므로 지금은 묵은 세상의 끝이요, 새 세상의 처음이 되어,

소태산 대종사님께서 판단한 현세는 기존 관점의 말세가 아닌 것입니다.
'묵은 세상의 끝이요, 새 세상의 처음이 되'는 현재요 현세인 것입니다.
이런 세상에서는 한 사람 한 사람의 깨침과 노력이 더욱 중요합니다.

시대의 앞길을 추측하기가 퍽 어려우나
오는 세상의 문명을 추측하는 사람이야
어찌 든든하지 아니하며 즐겁지 아니하리요.]

이 시대를 말세라고 여기고 곧 멸망할 것이라고 생각한다면

그런 사람의 삶이 온전할 수 없습니다.
비관적 태도로 현실 부정적인 삶을 살게 됩니다.
반대로 밝고 희망적인 전망으로 살아가는 사람들에게
이 세상의 삶은 든든하고 즐거운 것입니다.
합리적이고 긍정적이며 적극적인 삶을 살게 됩니다.
이런 사람들에 의해 우리의 미래는 밝게 변화합니다.

나의 마음공부

• 나는 종말론자 또는 말세론자입니까?

• 나는 '정의 도덕'이 얼마나 '희미'해졌다고 생각하나요?

• 내가 생각하는 미래 세상은 어떤 세상인가요?

• 대종사님의 전망과 같이 '크게 문명한 도덕 세계'가 도래할까요?

• 나는 '오는 세상의 문명을 추측'하면서 든든하고 즐겁게 생활하고 있나요?

대종사 또 말씀하시기를
[오는 세상의 모든 인심은 이러하리라.
지금은 대개 남의 것을 못 빼앗아서 한이요,
남을 못 이겨서 걱정이요, 남에게 해를 못 입혀서 근심이지마는,
오는 세상에는 남에게 주지 못하여 한이요,
남에게 지지 못하여 걱정이요, 남을 위해 주지 못하여 근심이 되리라.

또 지금은 대개 개인의 이익을 못 채워서 한이요,
뛰어난 권리와 입신양명을 못 하여서 걱정이지마는,
오는 세상에는 공중사公衆事를 못 하여서 한이요,
입신 양명할 기회와 권리가 돌아와서
수양할 여가를 얻지 못할까 걱정일 것이며,

또 지금은 대개 사람이 죄짓기를 좋아하며,
죄 다스리는 감옥이 있고,
개인·가정·사회·국가가 국한을 정하여
울과 담을 쌓아서 서로 방어에 전력하지마는,
오는 세상에는 죄짓기를 싫어할 것이며,
개인·가정·사회·국가가 국한을 터서 서로 융통하리라.

또 지금은 물질문명이 세계를 지배하고 있지마는,
오는 세상에는 위없는 도덕이 굉장히 발전되어
인류의 정신을 문명시키고 물질문명을 지배할 것이며
물질문명은 도덕 발전의 도움이 될 것이니,
멀지 않은 장래에,
산에는 도둑이 없고 길에서는 흘린 것을 줍지 않는
참 문명 세계를 보게 되리라.]

『대종경』「전망품」20장

- **입신양명 立身揚名** : 출세하여 이름을 세상에 떨침.

참 문명 세계 | 풀이 |

'미륵불 시대', '용화회상'은 불교적 이상 세계를 의미합니다.
이 법문 역시 그것을 묘사하고 있다고 할 수 있지만,
특이한 점은 종교적, 불교적 표현이 거의 없다는 것입니다.
누구나 쉽게 이해하고 공감할 수 있는 말씀으로 이상향을 설하십니다.

대종사 또 말씀하시기를
[오는 세상의 모든 인심은 이러하리라.

인지가 발달된 미래 세상의 인심을 알려주십니다.

지금은 대개 남의 것을 못 빼앗아서 한이요,
남을 못 이겨서 걱정이요, 남에게 해를 못 입혀서 근심이지마는,
오는 세상에는 남에게 주지 못하여 한이요,
남에게 지지 못하여 걱정이요, 남을 위해 주지 못하여 근심이 되리라.

'오는 세상'이란 사람들이 '인과의 이치'를 깨달은 세상이라고 할 수 있습니다.
"우주의 진리는 원래 생멸이 없이 길이길이 돌고 도는지라,
가는 것이 곧 오는 것이 되고 오는 것이 곧 가는 것이 되며,
주는 사람이 곧 받는 사람이 되고 받는 사람이 곧 주는 사람이 되나니,
이것이 만고에 변함없는 상도常道니라."라는 「인과품」1장의 말씀을 깨달아서
각자의 생활에 활용하는 세상일 것입니다.

'오는 세상'에는,
남의 것을 내가 빼앗으면 그 과보로 내 것을 남에게 빼앗길 것을 알고,

남을 이기면 그 과보로 내가 지게 될 것을 알고,
남에게 해를 입히면 그 과보로 내가 해를 받게 될 것을 알게 됩니다.
그러니 마음가짐과 행동거지가 달라질 수밖에 없습니다.

'오는 세상'에는 사람들이 내 것을 주려 하고, 져주려 하며, 타인을 위하려 합니다.

또 지금은 대개 개인의 이익을 못 채워서 한이요,
뛰어난 권리와 입신양명을 못 하여서 걱정이지마는,
오는 세상에는 공중사公衆事를 못 하여서 한이요,
입신양명할 기회와 권리가 돌아와서
수양할 여가를 얻지 못할까 걱정일 것이며,

인과의 이치를 깨달은 사람의 삶의 태도는
이를 깨닫지 못한 사람의 삶의 태도와 사뭇 다릅니다.
개인의 이익보다 공중의 이익을 먼저 생각하고,
입신양명보다는 공중사로 보은하고자 하며,
수양할 시간을 우선하고자 합니다.
자신과 이웃, 세상에 무엇이 더 큰 이익이 되는지를 깨달았기 때문입니다.

또 지금은 대개 사람이 죄짓기를 좋아하며,
죄 다스리는 감옥이 있고,
개인·가정·사회·국가가 국한을 정하여
울과 담을 쌓아서 서로 방어에 전력하지마는,
오는 세상에는 죄짓기를 싫어할 것이며,
개인·가정·사회·국가가 국한을 터서 서로 융통하리라.

'오는 세상'에는 사람들이 '죄짓기를 싫어'하게 되니
이 역시 인과의 이치를 깨달았기 때문일 것입니다.

'국한을 터서 서로 융통'하려고 하니
이는 마음의 자유와 삶의 자유를 우선 가치로 삼기 때문일 것입니다.

또 지금은 물질문명이 세계를 지배하고 있지마는,
오는 세상에는 위없는 도덕이 굉장히 발전되어
인류의 정신을 문명시키고 물질문명을 지배할 것이며
물질문명은 도덕 발전의 도움이 될 것이니,

'오는 세상'은 「개교의 동기」에서 설하신 바와 같이
'물질의 지배'를 벗어나고 '물질의 노예 생활'을 면할 수 있도록
'진리적 종교의 신앙과 사실적 도덕의 훈련'으로
'정신의 세력'이 충분히 '확장'된 세상일 것입니다.
물질문명과 정신문명이 온전한 조화를 이루는 '참 문명 세계'가 실현될 것입니다.

멀지 않은 장래에,
산에는 도둑이 없고 길에서는 흘린 것을 줍지 않는
참 문명 세계를 보게 되리라.]

'참 문명 세계'는 어렵고 복잡한 세계가 아닙니다.
대종사님은 원불교의 궁극의 이상 세계라고 할 수 있는 '참 문명 세계'를
너무나도 쉽게 설해주십니다.
'산에는 도둑이 없고 길에서는 흘린 것을 줍지 않는' 세상이라고.

대종사님은 이런 세상을 '멀지 않은 장래'에 보게 된다고 전망하셨습니다.
하지만 깊이 생각할수록 이런 세상을 만드는 것이 쉽지 않음을 알게 됩니다.
단순하게 생각하면 각각의 개인들이 도덕적으로 잘살면 된다고 생각할 수 있지만,
이런 세상, '참 문명 세계'의 완성은 그렇게 간단하지만은 않습니다.
예컨대, 개인이 아무리 도덕적으로 살고자 해도 그 사회가 불평등이 심화된 사회라면

개인이 도덕적 삶을 유지하기란 매우 어렵습니다.
마치 개인이 아무리 평화를 원하고 전쟁을 반대하더라도
그가 속한 국가가 호전적이라면 전쟁의 희생양이 되고 마는 것과 같습니다.
개인도 도덕적으로 성숙해야 하지만,
사회·국가·세계도 도덕적으로 성숙되어야 합니다.

대종사님은 원불교의 교법을 통해서 개인의 수행만을 강조하지 않고
사은의 윤리와 신앙으로 가정·사회·국가·세계를 불은화佛恩化하려고 했습니다.
개인과 사회 또는 세계가 둘이 아닙니다.
도덕적 개인 없이 도덕적 세계가 불가능하고,
도덕적 세계 질서 없이 개인의 도덕적 삶도 불가능합니다.
대종사님께서 꿈꾼 이상향인 '참 문명 세계'는
'산에는 도둑이 없고 길에서는 흘린 것을 줍지 않는' 간단한 세상이지만,
이를 위해서는 '인생의 요도-사은 사요'와 '공부의 요도-삼학 팔조'가
모두 필요한 것입니다.
'멀지 않은 장래'가 얼마만큼의 미래인지는 아무도 알 수 없습니다.
우리 모두의 마음공부에 달렸기 때문입니다.

나의 마음공부

- 나는 '남에게 주지 못하여 한'이 되는 사람인가요?

- 나는 '공중사公衆事를 못 하여서 한'인 사람인가요?

- 나는 '입신양명할 기회와 권리가 돌아와서 수양할 여가를 얻지 못할까 걱정'하는 사람인가요?

• 나는 누군가 '흘린 것을 줍지 않는' 사람인가요?

• 내가 '국한을 터서 서로 융통' 해야 할 것은 무엇인가요?

대종사 또 말씀하시기를
[지금 세상의 정도는 어두운 밤이 지나가고,
바야흐로 동방에 밝은 해가 솟으려 하는 때이니,
서양이 먼저 문명함은
동방에 해가 오를 때에 그 광명이 서쪽 하늘에 먼저 비침과 같은 것이며,
태양이 중천에 이르면 그 광명이 시방세계에 고루 비치게 되나니
그때야말로 큰 도덕 세계요 참 문명 세계니라.]

『대종경』「전망품」21장

밝은 해가 솟으려 하는 때 | 풀이 |

대종사 또 말씀하시기를
[지금 세상의 정도는 어두운 밤이 지나가고,
바야흐로 동방에 밝은 해가 솟으려 하는 때이니,

소태산 대종사님은 '때'에 대한 말씀을 자주하십니다.
특히 '전망'과 관련되어 '때'를 자주 언급하십니다.
현재로부터 미래를 전망하기 때문일 것입니다.

'때를 따라 성자들이 출현하여 종교와 도덕으로써 우리에게 정로正路를 밟게 하여
주심이요' - 「법률 피은의 조목」,
'세상이 말세가 되고 험난한 때를 당하면 반드시 세상을 주장할 만한 법을 가진
구세성자가 출현하여' - 「전망품」2장,
'지금은 묵은 세상의 끝이요, 새 세상의 처음이 되어' - 「전망품」19장,
'현하 과학의 문명이 발달함에 따라' - 「개교의 동기」,
이 같은 법문이 모두 '때', 즉 시점과 시기를 언급하고 있습니다.
'때'를 아는 것이 '전망'의 전제입니다.
'때'를 제대로 파악해야 '전망'을 바르게 할 수 있기 때문입니다.

서양이 먼저 문명함은
동방에 해가 오를 때에 그 광명이 서쪽 하늘에 먼저 비침과 같은 것이며,
태양이 중천에 이르면 그 광명이 시방세계에 고루 비치게 되나니
그때야말로 큰 도덕 세계요 참 문명 세계니라.]

'때'를 알면 일의 '순서'도 알 수 있습니다.

대종사님은 '동방에 해가 오를 때'를 아시기에
곧 '태양이 중천에' 이를 것도 아시고,
'그때'가 되면 '큰 도덕 세계'가 되고 '참 문명 세계'가 열릴 것도 아십니다.
'때'를 알고 '전망'을 함께하면 함께 해야 할 일도 자각하게 됩니다.
대종사님의 전망을 함께하면 대종사님의 교법에 따라 미래를 준비할 수 있습니다.

법문의 '밝은 해'가 의미하는 것이 물리적 태양은 아닙니다.
지혜의 광명 또는 도덕 문명을 비유한 표현일 것입니다.
이 '때'에 우리들이 해야 할 일을 자각하고 준비해야겠습니다.
'큰 도덕 세계'를 열어갈 일들을 준비하고 그 일에 앞장서야 합니다.
그래야 물질문명과 정신문명이 조화를 이루는 '참 문명 세계'가 열릴 것입니다.

'방풍공중천지명放風空中天地鳴 괘월동방만국명掛月東方萬國明' – 「전망품」2장
'청풍월상시清風月上時에 만상자연명萬像自然明이라.' – 「성리품」1장 등의 법문이
떠오르게 하는 「전망품」21장입니다.
'광명' 즉 '밝음'이 주제인 법문입니다.

나의 마음공부

- '어두운 밤이 지나가고' 있음을 나는 어떻게 느끼거나 알고 있나요?

- '동방에 밝은 해가 솟으려' 하는 것을 나는 어떻게 느끼거나 알고 있나요?

- '큰 도덕 세계'는 언제 어떻게 이뤄질까요?

- 내가 생각하는 '참 문명 세계'를 내 방식대로 표현해봅니다.

대종사 말씀하시기를
[과거 세상은 어리고 어두운 세상이라,
강하고 지식 있는 사람이 약하고 어리석은 사람들을
무리하게 착취하여 먹고 살기도 하였으나,
돌아오는 세상은 슬겁고 밝은 세상이라,
비록 어떠한 계급에 있을지라도 공정한 법으로 하지 아니하고
공연히 남의 것을 취하여 먹지 못하리니,
그러므로 악하고 거짓된 사람의 생활은 점점 곤궁하여지고,
바르고 참된 사람의 생활은 자연 풍부하여지게 되리라.]

『대종경』「전망품」22장

- **슬겁다** : 마음씨가 너그럽고 미덥다. 집이나 세간 따위가 겉으로 보기보다는 속이 꽤 너르다.

돌아오는 세상은 슬겁고 밝은 세상 | 풀이 |

대종사 말씀하시기를
[과거 세상은 어리고 어두운 세상이라,
강하고 지식 있는 사람이 약하고 어리석은 사람들을
무리하게 착취하여 먹고 살기도 하였으나,

소태산 대종사님은 '과거 세상'과 '돌아오는 세상'을 비교해서 설명해주십니다.
미래 세상을 전망하고 준비하기 위함입니다.

먼저 '과거 세상'을 쉽게 설명하십니다.
'어리고 어두운 세상'이니 미숙하고 도학과 과학 문명이 미개한 세상입니다.
'어림'은 '어리석음'과 통합니다.
아직 덜 자란 상태, 지혜가 덜 계발된 상태를 의미합니다.
일부 '강하고 지식 있는 사람'이 약자들을 '착취'했던 세상입니다.
'지식 있는 사람'과 '지혜로운 사람'은 다릅니다.
지혜가 없는 사람은 '지식'을 무기로 삼곤 합니다.
이때의 지식은 '착취'의 도구가 됩니다.
아직 '정신'이 덜 계발되어 정신이 '어리고', '쇠약한' - 「개교의 동기」 단계입니다.
이런 단계에선 '정신'이 '물질의 지배'를 받을 수밖에 없습니다.
'물질의 노예 생활을 면하지 못하' - 「개교의 동기」 는 정도에 머무르고,
인간의 마음이 물욕에 물들고 끌려가는 '어두운 세상'인 것입니다.

돌아오는 세상은 슬겁고 밝은 세상이라,
비록 어떠한 계급에 있을지라도 공정한 법으로 하지 아니하고
공연히 남의 것을 취하여 먹지 못하리니,

'돌아오는 세상', 미래의 세상을 전망하십니다.
'슬겁고 밝은 세상'이라고.
'슬겁다'라는 말은 '마음씨가 너그럽고 미덥다.'라는 뜻이니,
'어리고 어두운' 과거 세상의 '어리고'의 상대적 의미로 새긴다면,
성숙함을 의미한다고 볼 수 있습니다.
성숙한 인격에서 나오는 너그러운 마음씨와 믿음직한 마음씨를 의미합니다.

'밝은 세상'이란 도학과 과학이 모두 발달한 세상을 의미합니다.
'인도 정의의 공정한 법칙'-「법률은」에 누구나 순응하는 세상이고,
강자가 약자를 착취하지 않는 사회입니다.
인과의 이치를 깨달은 지혜로운 사람들이 사는 세상이라서
'공연히 남의 것을 취하여 먹'는 행위가 얼마나 어리석은 일인지,
미래에 어떤 과보를 받게 될지를 너무나 잘 아는 세상입니다.
법률적 제재가 아니어도 자율적으로 약자를 보호하는 세상입니다.

그러므로 악하고 거짓된 사람의 생활은 점점 곤궁하여지고,
바르고 참된 사람의 생활은 자연 풍부하여지게 되리라.]

선인선과善因善果 악인악과惡因惡果의 인과보응의 이치가 그대로 실현됨을 의미합니다.
'진리적 종교의 신앙과 사실적 도덕의 훈련'으로 성숙된 개인들이
'사은 사요'가 실현된 사회를 만들었을 때 볼 수 있는 세상의 모습입니다.

밝은 세상이 되려면 한 사람 한 사람의 마음공부가 반드시 전제되어야 합니다.
밝은 세상이 되면 될수록 사람들의 마음공부는 더욱 중요해질 것입니다.
개인이나 세상의 진급·강급이 '마음'에 달렸음을 잘 알기 때문입니다.

나의 마음공부

- '어리고 어두운 세상'의 사례를 찾아봅니다.

- 내 안에는 '어리고 어두운' 마음이 없나요? 있다면 어떤 마음인가요?

- '슬겁고 밝은 세상'의 사례를 찾아봅니다.

- 내 안의 '슬겁고 밝은' 마음을 찾아봅니다. 있다면 어떤 마음인가요?

- '슬겁고 밝은 세상'을 일찍 맞이하려면 내가 해야 할 것은 무엇인가요?

대종사 말씀하시기를

[조선은 개명^{開明}이 되면서부터 생활 제도가 많이 개량되었고,

완고하던 지견도 많이 열리었으나,

아직도 미비한 점은 앞으로 더욱 발전을 보게 되려니와,

정신적 방면으로는 장차 세계 여러 나라 가운데 제일가는 지도국이 될 것이니,

지금 이 나라는 점진적으로 어변성룡^{魚變成龍}이 되어가고 있나니라.]

『대종경』「전망품」 23장

- **어변성룡 魚變成龍** : 물고기가 변하여 용龍이 된다는 말. '개천에서 용난다'는 속담과 상통하는 말이다. 곤궁하던 사람이 부유하여지거나 미천微賤하던 사람이 크게 성공하는 것을 비유적으로 나타내는 말이다.

어변성룡 魚變成龍 | 풀이 |

대종사 말씀하시기를
[조선은 개명開明이 되면서부터 생활 제도가 많이 개량되었고,
완고하던 지견도 많이 열리었으나,

'개명開明'의 사전적 의미는
'지혜가 계발되고 문화가 발달하여 새로운 사상, 문물 따위를 가지게 됨.'입니다.
조선 왕조는 훌륭한 문화적 저력으로 약500년을 이어왔으나
결국 국력이 쇠해진 가운데 외세의 침탈로 몰락하고 말았습니다.
19세기 말과 20세기 초에 민중들이 겪은 혼란은 극심했습니다.
이 법문 역시 서세동점의 시기를 배경으로 하고 있습니다.
조선이 서양 문물의 유입으로 인해 '개명'이 진행되던 시기입니다.
서양의 민주주의 제도와 과학 문명, 기독교의 평등과 박애 사상 등으로
'완고하던 지견'이 '많이 열리'기 시작하던 시기의 조선을 배경으로 한 법문입니다.

아직도 미비한 점은 앞으로 더욱 발전을 보게 되려니와,

대종사님의 이런 시국 진단의 이면에는
아직도 '발전'해야 할 '미비'한 분야가 많다는 현실 인식이 있습니다.
하지만 이런 점은 보완되고 '더욱 발전'할 것이라고 긍정적으로 전망하십니다.

정신적 방면으로는 장차 세계 여러 나라 가운데 제일가는 지도국이 될 것이니,
지금 이 나라는 점진적으로 어변성룡魚變成龍이 되어가고 있나니라.]

그다음에 이어지는 말씀이 매우 의미심장합니다.

전망품

나라를 잃어버릴 만큼 약자였던 우리나라의 미래에 대해 놀라운 전망을 하십니다.
'정신적 방면으로는' 세계에서 제일가는 지도국이 될 것'이라고 확언하십니다.
대종사님은 '이 나라'의 변화를 '어변성룡魚變成龍'이라는 말로 비유하십니다.
'어변성룡魚變成龍'이란 물고기가 변해서 용이 된다는 뜻이니,
매우 근본적이고 전면적인 질적 변화를 의미합니다.

현재로선 개명도 덜된 나라이지만 발전에 발전을 거듭할 것이고,
결국엔 세계 제일의 정신적 지도국이 될 것이라는 전망을 설하십니다.
이런 전망을 하실 수 있는 이유를 알려면
소태산 대종사님의 교법 전반과 사상을 이해해야 합니다.

나의 마음공부

- 그 당시 개량되던 '생활 제도'는 어떤 것들이었을까요?

- 그 당시 많이 열리던 '완고한 지견'은 무엇이었을까요?

- 그 당시 '아직도 미비한 점'은 무엇이었을까요?

- 나는 우리나라가 '정신적 방면으로는 장차 세계 여러 나라 가운데 제일가는 지도국이 될 것'을 얼마나 믿나요?

- 우리나라가 '점진적으로 어변성룡魚變成龍이 되어가고 있'는 점을 찾아봅니다.

24

대종사 이어서 말씀하시기를
[돌아오는 세상 사람들은 높은 산 좋은 봉우리에 여러 가지 나무와 화초를 심고,
혹은 연못을 파서 양어도 하며,
사이 사이에 기암괴석이나 고목 등을 늘어놓아 훌륭한 공원을 만들고,
그 밑에 굴을 파서 집을 지은 후, 낮에는 태양 광선을 들여대고 밤이면 전등을 켜며,
그 밖에도 무엇이나 군색한 것이 없이 화려한 생활을 하다가,
밖에 나와서 집 위를 쳐다보면 울창한 나무숲이요,
올라가 보면 기화요초가 만발한 가운데
각종의 새와 벌레들이 노래하고 춤추는 모양을 보게 될 것이니,
이 나라에도 저 금강산이나 지리산 같은 명산과 구수산九岫山 같은 데에는
큰 세력이 있어야 거기에 주택을 짓고 살게 될 것이며,
혹은 조산造山이라도 하여서 주택을 지을 것이요,
건축을 하는 데에도 지금과 같이 인공적 조각을 좋아하지 아니하고
천연석을 실어다가 집을 짓는 등
일반이 다 자연의 아름다움을 사랑하며 취取하게 되리라.]

『대종경』「전망품」24장

- 기암괴석 奇巖怪石 : 기이하게 생긴 바위와 괴상하게 생긴 돌.
- 기화요초 琪花瑤草 : 아름다운 꽃과 풀.

돌아오는 세상 사람들은　| 풀이 |

대종사 이어서 말씀하시기를
[돌아오는 세상 사람들은

「전망품」20장에서 대종사님이 '오는 세상의 모든 인심'에 대해 전망하셨다면
「전망품」24장에서는 '돌아오는 세상 사람들'의 생활상을 구체적으로 전망하십니다.
『원불교대종경해의』(한정석)에 의하면 이 법문은 원기21년, 즉 서기 1936년에
설해졌습니다.
그 시기에 어떻게 이런 예견이 가능했는지 매우 신기합니다.

높은 산 좋은 봉우리에 여러 가지 나무와 화초를 심고,
혹은 연못을 파서 양어도 하며,
사이 사이에 기암괴석이나 고목 등을 늘어놓아 훌륭한 공원을 만들고,
그 밑에 굴을 파서 집을 지은 후, 낮에는 태양 광선을 들여대고 밤이면 전등을 켜며,
그 밖에도 무엇이나 군색한 것이 없이 화려한 생활을 하다가,
밖에 나와서 집 위를 쳐다보면 울창한 나무숲이요,
올라가 보면 기화요초가 만발한 가운데
각종의 새와 벌레들이 노래하고 춤추는 모양을 보게 될 것이니,
이 나라에도 저 금강산이나 지리산 같은 명산과 구수산九岫山 같은 데에는
큰 세력이 있어야 거기에 주택을 짓고 살게 될 것이며,
혹은 조산造山이라도 하여서 주택을 지을 것이요,
건축을 하는 데에도 지금과 같이 인공적 조각을 좋아하지 아니하고
천연석을 실어다가 집을 짓는 등
일반이 다 자연의 아름다움을 사랑하며 취取하게 되리라.]

대종사님께서는 앞으로 물질문명이 매우 발달하지만 사람들이 오히려 자연 친화적인 삶을 선호할 것이라고 전망하셨습니다.

현재로선 매우 지당한 말씀입니다만, 약 90년 전 말씀인 점을 생각하면 매우 놀랍습니다.

도학과 과학의 조화로운 발달, 물질문명과 정신문명의 조화가 전제된 미래의 모습입니다.

나의 마음공부

- 이 법문의 내용이 어느 정도 실현되었는지 현재의 모습과 대조해봅니다.

- 대종사님은 어떻게 이런 구체적인 예견을 하실 수 있었을까요?

- 대종사님이 전망하신 이런 자연친화적 삶이 지속되려면 어떤 노력을 해야 할까요?

- '물질이 개벽되니 정신을 개벽하자' 라는 개교표어의 관점에서 이 법문을 새겨봅니다.

25

대종사 또 말씀하시기를

[재산이 넉넉한 종교 단체에서는 큰 산 위에 비행장을 설비하고 공원을 만들며,
화려하고 웅장한 영정각影幀閣을 지어서 공도자들의 영정과 역사를 봉안하면
사방에서 관람인이 많이 와서 어떠한 귀인이라도 예배하고 보게 될 것이며,
유명한 법사들은 각처의 경치 좋은 수도원에서 수양하고 있다가,
때를 따라 세간 교당으로 설법을 나가면
대중의 환영하는 만세 소리가 산악을 진동할 것이요,
모든 사람들이 법사 일행을 호위하고 들어가 공양을 올리고 법설을 청하면
법사는 세간 생활에 필요한 인도상 요법이나 인과보응에 대한 법이나
혹은 현묘한 성리등을 설하여 줄 것이며,
설법을 마치면 대중은 그 답례로 많은 폐백을 바칠 것이요,
법사는 그것을 그 교당에 내주고
또 다른 교당으로 가서 그와 같은 우대를 받게 되리라.]

『대종경』「전망품」25장

- **폐백 幣帛** : 임금에게 바치거나 제사 때 신에게 바치는 물건. 또는 그런 일. 신부가 처음으로 시부모를 뵐 때 큰절을 하고 올리는 물건. 또는 그런 일. 주로 대추나 포 따위를 올린다.
(이 법문에선 스승님께 존경을 표하고 은혜에 보답하기 위해 올리는 예물로 봄이 적절함.—필자 주)
- **법사 法師** : 공식적으로는 법강항마위 이상의 법위를 가진 이로 원불교의 교법에 정통하고 수행력이 뛰어나 많은 사람들의 모범이 되고 대중을 널리 교화하는 사람. 법회나 천도재 등의 의식을 진행할 때 설법하는 사람에 대한 존칭을 법사라고 한다. 법강항마위의 법위를 가지지 않았더라도 법을 설하는 사람을 보통 법사라고 칭하기도 하며, 독경을 담당할 경우에는 독경법사라는 호칭을 쓰기도 한다.

종교 단체에서는 | 풀이 |

「전망품」24장에 이어 미래 세상에 대한 전망의 말씀이 이어집니다.
주로 종교와 관련한 내용입니다.

대종사 또 말씀하시기를
[재산이 넉넉한 종교 단체에서는 큰 산 위에 비행장을 설비하고 공원을 만들며,
화려하고 웅장한 영정각影幀閣을 지어서 공도자들의 영정과 역사를 봉안하면
사방에서 관람인이 많이 와서 어떠한 귀인이라도 예배하고 보게 될 것이며,

종교 단체가 '공도자 숭배' 정신을 고양하기 위해 '화려하고 웅장한 영정각'을 지어
많은 사람이 예배하게 될 것이라고 예견하십니다.

유명한 법사들은 각처의 경치 좋은 수도원에서 수양하고 있다가,
때를 따라 세간 교당으로 설법을 나가면

수도원과 법사들의 생활상을 말씀하십니다.

대중의 환영하는 만세 소리가 산악을 진동할 것이요,
모든 사람들이 법사 일행을 호위하고 들어가 공양을 올리고 법설을 청하면
법사는 세간 생활에 필요한 인도상 요법이나 인과보응에 대한 법이나
혹은 현묘한 성리등을 설하여 줄 것이며,

법사들이 세간 교당에서 법풍을 불리는 모습입니다.

설법을 마치면 대중은 그 답례로 많은 폐백을 바칠 것이요,
법사는 그것을 그 교당에 내주고
또 다른 교당으로 가서 그와 같은 우대를 받게 되리라.]

법사의 용심법을 답례품 등 보상에 담박한 태도를 예로 들어 설명해주십니다.
'광대무량한 낙원'의 한 모습이라고 할 수 있는 은혜로운 정경입니다.
현재 교단에서 이미 실현된 모습이기도 합니다.

나의 마음공부

• 대종사님은 왜 '영정각'을 예로 들으셨을까요?

• 법문의 '법사'의 모습과 현재 종교인들의 모습을 비교해봅니다.

• 내가 바라는 '법사'의 모습은 어떤 모습인가요?

• 우리 교단의 모습과 법문 내용을 대조해봅니다.

• 미래 세상에서 가장 중요한 종교가의 역할은 무엇일까요?

대종사 또 말씀하시기를
[면면촌촌에 학교가 있을 것은 물론이요,
동리 동리에 교당과 공회당을 세워 놓고
모든 사람들이 정례로 법회를 보게 될 것이며,
관·혼·상·제 등 모든 의식이나 법사의 수시 법회나 무슨 회의가 있으면
거기에 모여 모든 일을 편리하게 진행할 것이며,
지금의 모든 종교는 그 신자들에게 충분한 훈련을 시키지 못하는 관계로
일반적으로 종교인이라 하여 특별한 신용을 받지 못하지마는
그때에는 모든 종교의 교화 사업이 충분히 발달 되므로
각 교회의 신자들이 각각 상당한 훈련을 받아
자연히 훈련 없는 보통 사람과는 판이한 인격을 가지게 될 것이요,
따라서 관공청이나 사회 방면에서 인재를 선발하는 데에도
반드시 종교 신자를 많이 찾게 되리라.]

『대종경』「전망품」26장

- **교당 敎堂** : 종교 단체의 신자들이 모여 예배나 포교를 하는 집.
- **공회당 公會堂** : 일반 대중이 모임 따위를 할 때 사용하기 위하여 지은 집.

동리 동리에 교당과 공회당 | 풀이 |

대종사 또 말씀하시기를
[면면촌촌에 학교가 있을 것은 물론이요,
동리 동리에 교당과 공회당을 세워 놓고
모든 사람들이 정례로 법회를 보게 될 것이며,
관·혼·상·제 등 모든 의식이나 법사의 수시 법회나 무슨 회의가 있으면
거기에 모여 모든 일을 편리하게 진행할 것이며,

소태산 대종사님께서 종교와 생활이 둘이 아닌 사회상을 전망하셨습니다.
사찰이 주로 산중에 있던 그 당시의 상황과는 매우 다른 말씀입니다.
앞으로는 대중들과 밀접한 곳에 종교 시설이 들어서고
일상생활과도 밀접한 종교 생활이 이뤄질 것을 예견하셨습니다.

소태산 대종사님께서 말씀하신 '교당'이 '원불교 교당'만을 의미하는지는
확실치 않습니다.
하지만 '교당'에 '원불교 교당'을 포함시켜야 함은 당연합니다.
'교당'을 원불교 교당으로 해석한다면 '공회당'은 일반인을 위한 집회시설일 것입니다.
현재 원기109년을 기준으로 본다면 국내에 1천여 개의 교당과 기관이 있고,
해외에 1백여 개의 교당과 기관이 있으니 이 말씀은 어느 정도 실현되었다고 할 수 있습니다.
종교시설이 없거나 멀리 있어서 종교 생활을 할 수 없는 세상은 과거의 세상입니다.

지금의 모든 종교는 그 신자들에게 충분한 훈련을 시키지 못하는 관계로
일반적으로 종교인이라 하여 특별한 신용을 받지 못하지마는

종교 신자라고 해서 그들의 인격이 보증되지는 않습니다.
도덕성이나 특별한 역량이 보증되지도 않습니다.
그 당시 종교 현실을 반영한 말씀인데 현재도 크게 다르지 않습니다.
종교 시설과 종교 인구는 비약적으로 증가했지만
여전히 '충분한 훈련'으로 '특별한 신용'을 받지 못하고 있다고 할 수 있습니다.

그때에는 모든 종교의 교화 사업이 충분히 발달 되므로
각 교회의 신자들이 각각 상당한 훈련을 받아
자연히 훈련 없는 보통 사람과는 판이한 인격을 가지게 될 것이요,

대종사님께서 생각하는 종교의 기능과 역할을 알 수 있습니다.
정례 법회나 수시 법회, 관·혼·상·제 등의 의식을 진행하는 것이 기본이나
'훈련'을 매우 중시하십니다.
대종사님은 이미 「개교의 동기」에서도 '진리적 종교의 신앙과 사실적 도덕의 훈련으로써 정신의 세력을 확장하고, 물질의 세력을 항복 받아, 파란고해의 일체 생령을 광대무량한 낙원樂園으로 인도하려 함이 그 동기니라'라고 '사실적 도덕의 훈련'을 '낙원' 건설의 한 축으로 삼으셨습니다.
'신앙'만으로는 한계가 있음을 분명히 하신 것입니다.
'신앙'만으로는 '특별한 신용'을 받을 만한 인격을 이룰 수 없는 것입니다.
'사실적 도덕의 훈련'이 충분히 이뤄져야 그만한 인격을 이룰 수 있는 것입니다.
종교가에서 '상당한 훈련'을 받은 신자들의 인격은
'훈련 없는 보통 사람'과는 '판이'하게 다른 훌륭한 '인격'이 될 것을 전망하십니다.
종교가 신자들의 '사실적 도덕의 훈련'에 매진해야 할 이유를 알 수 있습니다.

종교 생활을 오래 한다는 것이 실생활과는 별 상관이 없다면
사실 그 종교 생활은 내실이 없는 형식적 종교 생활입니다.
'불법시생활 생활시불법', '이사병행'의 가르침과 같이
신앙과 수행이 공부와 사업, 인격 형성과 실생활에 좋은 영향을 미쳐야 합니다.

종교와 생활이 서로 선순환해야 합니다.
따라서 관공청이나 사회 방면에서 인재를 선발하는 데에도
반드시 종교 신자를 많이 찾게 되리라.]

신앙생활이 '사실적 도덕의 훈련'까지 보증하고,
그 '훈련'이 '훈련 없는 보통 사람과는 판이한 인격'을 보증할 때
관공서 등에서 '인재를 선발'할 때에도 종교가의 신앙생활을 높이 평가할 것입니다.
이 정도가 되어야 비로소 종교가 실다운 종교로서 사회적 역할을 제대로 한다고 할 수 있을 것입니다.

이 법문을 확대해석한다면,
어떤 종교가 '진리적 종교'인지를 평가하려면 그 종교를 오랫동안 신앙한 신자들의 '인격'을 평가하면 될 것입니다.
'사실적 도덕의 훈련'으로 신자들을 훌륭한 인격으로 성장시키는지를 '진리적 종교' 평가의 기준으로 삼을 수 있습니다.
신앙과 수행의 결과는 인격과 생활의 향상으로 입증되어야 합니다.
대종사님은 신앙과 수행이 인격을 보증하는 미래의 종교를 전망하셨습니다.

나의 마음공부

• '동리 동리에'에 교당이 있으면 무엇이 유익할까요?

• 나는 종교의 신자로서 교당에서 무엇을 얻고 있나요?

• 나는 교당에서 어떤 훈련을 받고 있나요?

• 나는 훈련을 통해서 '훈련 없는 보통 사람과는 판이한 인격'을 갖게 되었나요?

• 그런 '판이한 인격'을 갖추기 위해서 내게 필요한 훈련은 무엇일까요?

27

대종사 또 말씀하시기를
[지금도 큰 도시에는 직업 소개하는 곳이 있거니와
돌아오는 세상에는 상당한 직업 소개소가 도처에 생겨나서
직업 구하는 사람들에게 많은 편리를 주게 될 것이요,
또는 혼인 소개소가 있어서
구혼하는 사람들이 이 기관을 많이 이용하게 될 것이며,
또는 탁아소도 곳곳에 생겨나서
어린아이를 가진 부녀들이 안심하고 직장에 나갈 수 있을 것이요,
의탁할 데 없는 노인들은 국가나 단체나 자선 사업가들이 양로원을 짓고
시봉을 하게 되므로 별걱정 없이 편안한 생활을 하게 될 것이며,
지금은 궁벽한 촌에서 생활을 하기로 하면 여러 가지로 불편이 많으나
앞으로는 어떠한 궁촌에도 각종 시설이 생겨나서 무한한 편리를 줄 것이요,
또는 간이식당 같은 것도 생겨나서 각자의 가정에서 일일이 밥을 짓지 아니하여도
각자의 생활 정도에 따라 편의한 식사를 하게 될 것이며,
또는 재봉소나 세탁소도 많이 생겨서,
복잡한 생활을 하는 사람들도 의복을 지어 입거나 세탁을 하는 데에
곤란이 없게 되리라.]

『대종경』「전망품」27장

직업 소개소 혼인 소개소　　| 풀이 |

대종사 또 말씀하시기를
[지금도 큰 도시에는 직업 소개하는 곳이 있거니와
돌아오는 세상에는 상당한 직업 소개소가 도처에 생겨나서
직업 구하는 사람들에게 많은 편리를 주게 될 것이요,
또는 혼인 소개소가 있어서
구혼하는 사람들이 이 기관을 많이 이용하게 될 것이며,

계속해서 대종사님께서 가까운 미래의 생활상을 예견하십니다.
현재 기준으로 약 90년 전의 말씀입니다.
이미 '직업 소개소'가 생기기 시작한
시점이지만 직업 소개소와 혼인 소개소 등이 '도처에 생겨'날 것을 예견하십니다.

또는 탁아소도 곳곳에 생겨나서
어린아이를 가진 부녀들이 안심하고 직장에 나갈 수 있을 것이요,
의탁할 데 없는 노인들은 국가나 단체나 자선 사업가들이 양로원을 짓고
시봉을 하게 되므로 별걱정 없이 편안한 생활을 하게 될 것이며,

탁아소와 양로원 시설 운영이 일반적으로 광범위하게 진행될 것을 예견하십니다
사료에 의하면(한국사데이터베이스 https://db.history.go.kr)
일제 초기에는 주로 빈민·고아·출옥인·행려병자 보호를 위한 시설이 운영되었고,
대도시 주민을 위한 공영주택과 공익시장, 노동자를 위한 공동숙박소와 간이식당,
그리고 공익이발소, 공익전당포 등도 운영되고 있었습니다.
대종사님도 이런 사회복지 실태를 어느 정도 인지하셨을 것입니다.
하지만 대종사님은 몇몇 복지시설 운영을 예견하는 데 그치지 않고

매우 일반적이고 보편적인 복지 사회를 전망하십니다.
마치 현시대의 수준 높은 복지 사회를 표현하는 듯한 법문입니다.

지금은 궁벽한 촌에서 생활을 하기로 하면 여러 가지로 불편이 많으나
앞으로는 어떠한 궁촌에도 각종 시설이 생겨나서 무한한 편리를 줄 것이요,
또는 간이식당 같은 것도 생겨나서 각자의 가정에서 일일이 밥을 짓지 아니하여도
각자의 생활 정도에 따라 편의한 식사를 하게 될 것이며,
또는 재봉소나 세탁소도 많이 생겨서,
복잡한 생활을 하는 사람들도 의복을 지어 입거나 세탁을 하는 데에
곤란이 없게 되리라.]

각종 편의시설이 궁촌 벽지에도 설치되어서 생활이 편리해진다는 것,
간이식당, 재봉소, 세탁소의 출현을 예견하십니다.
현재 우리 사회는 대종사님의 예견하신 대로 변화 발전했습니다.
말씀의 내용과 현재의 모습이 놀랍도록 일치합니다.

매우 기초적이고 선별적인 복지가 겨우 시작되던 시절에
전 국민을 대상으로 한 보편적 복지를 주창하셨다는 점과
생활 전반에 대한 일상 서비스(혼인소개소, 세탁소)까지 제시하셨다는 점에서
대종사님의 탁월한 통찰력에 놀라게 됩니다.

대종사님께서 말씀하신 '처처불상 사사불공의 대의가 널리 행하여지는' 용화회상의
구체적 모습 가운데 하나가 바로 이런 복지사회일 것입니다.
'직업 구하는 사람들에게 많은 편리를 주'는 사회,
'구혼하는 사람들'을 도와주는 사회,
'어린아이를 가진 부녀들이 안심하고 직장에 나갈 수 있'는 사회,
'의탁할 데 없는 노인들이 별걱정 없이 편안한 생활'을 하는 사회를 만들어야
'용화회상', '광대무량한 낙원'을 만들 수 있을 것입니다.

대종사님은 현실에선 볼 수 없을 것 같은 막연하고 추상적인 이상사회가 아니라 대중들에게 유익을 주는 사실적이고 실현가능한 이상사회를 전망하셨습니다. 종교적 이상향과 이상적 사회상이 하나로 조화된 전망입니다.

나의 마음공부

• 내가 어렸을 때의 사회상과 현재의 사회상을 비교해봅니다.

• 나는 앞으로 사회가 어떤 방향으로 어떻게 발전하기를 바라나요?

• 구체적으로 더 필요한 사회 시설이나 복지 서비스는 무엇일까요?

• 내가 받는 사회 복지 서비스에 대해서 어떻게 보은해야 할까요?

• '용화회상'과 발달한 '복지사회'의 같은 점과 다른 점을 무엇일까요?

대종사 말씀하시기를
[과거에는, 자기의 재산은 다소를 막론하고
자기가 낳은 자손에게만 전해 주는 것으로 법례^{法例}를 삼았고,
만일 낳은 자손이 없다면 양자라도 하여서
반드시 개인에게 그 재산을 상속하게 하였으며,
따라서 그 자손들은 자기 부모의 유산은 반드시 자기가 차지할 것으로 알았으나
돌아오는 세상에는 자기 자손에게는 적당한 교육이나 시켜 주고
치산의 기본금이나 약간 대어줄 것이요,
남은 재산은 일반 사회를 위하여
교화·교육·자선 등 사업에 쓰는 사람이 많을 것이며,
지금 사람들은 대개 남을 해롭게 하는 것으로써 자기의 이익을 삼지마는
돌아오는 세상 사람들은 남을 이익 주는 것으로써 자기의 이익을 삼을 것이니,
인지가 발달됨에 따라 남을 해한 즉 나에게 그만한 해가 돌아오고
남을 이롭게 한즉 나에게 그만한 이익이 돌아오는 것을
실지로 경험하게 되는 까닭이니라.]

『대종경』「전망품」 28장

• 법례 法例 : 법규의 적용 관계를 정한 법률이나 규정.(법 적용의 관례로 보아도 될 듯함.–필자 주)

부모의 유산 | 풀이 |

대종사 말씀하시기를
[과거에는, 자기의 재산은 다소를 막론하고
자기가 낳은 자손에게만 전해 주는 것으로 법례法例를 삼았고,
만일 낳은 자손이 없다면 양자라도 하여서
반드시 개인에게 그 재산을 상속하게 하였으며,
따라서 그 자손들은 자기 부모의 유산은 반드시 자기가 차지할 것으로 알았으나

소태산 대종사님께서 과거의 재산 상속 관련 법례를 돌아보십니다.
친자에게만 상속할 수 있으니 친자가 없으면 양자라도 입양해야 했습니다.
따라서 친자손들은 당연히 부모의 유산을 상속받을 수 있다고 여겼습니다.

돌아오는 세상에는 자기 자손에게는 적당한 교육이나 시켜 주고
치산의 기본금이나 약간 대어줄 것이요,
남은 재산은 일반 사회를 위하여
교화·교육·자선 등 사업에 쓰는 사람이 많을 것이며,

하지만 '돌아오는 세상'에는 그런 법례가 변할 것으로 예견하셨고,
현시점에서 보면 대종사님 말씀대로 세태가 변하고 있습니다.
많은 재산을 자손에게 물려주는 것이 자손에게도 해가 될 수 있음을 자각하여
법문대로 적당한 교육비와 경제적 자립을 위한 최소한의 지원만 하는 이들이
점차 늘어나고 있습니다.
부자들일수록 높은 수준의 사회적 책임을 다하기 위해서
재산을 친자녀들에게 상속하지 않고 사회에 환원하는 사례도 늘어나고 있습니다.
상속 관련 법규도 인심의 변화에 따라 바뀌고 있습니다.

『정전』「공도자 숭배의 조목」에서 ' 1.공도 사업의 결함 조목이 없어지는 기회를 만난 우리는 가정 사업과 공도 사업을 구분하여, 같은 사업이면 자타의 국한을 벗어나 공도 사업을 할 것이요'라고 설하신 바와 상통합니다.

지금 사람들은 대개 남을 해롭게 하는 것으로써 자기의 이익을 삼지마는
돌아오는 세상 사람들은 남을 이익 주는 것으로써 자기의 이익을 삼을 것이니,
인지가 발달됨에 따라 남을 해한 즉 나에게 그만한 해가 돌아오고
남을 이롭게 한즉 나에게 그만한 이익이 돌아오는 것을
실지로 경험하게 되는 까닭이니라.]

'지금 사람들'은 남을 해롭게 하는 것이 자기의 이익이 되는 줄로 압니다.
인과의 이치를 모르는 사람들인 것입니다.
'돌아오는 세상 사람들'은 남을 이롭게 하는 것이 자신에게도 이로움이 됨을 압니다.
인과의 이치를 깨달은 사람들인 것입니다.
지혜로운 사람들이 사는 세상이 바로 '돌아오는 세상'인 것입니다.
지혜로운 사람들이 많아지면 '돌아오는 세상'도 빨리 돌아올 것이고,
인지가 계속 어두우면 '돌아오는 세상'은 아주 늦게 돌아올 것입니다.
우리가 바라는 세상은 우리에게 달린 것입니다.
대종사님의 전망이 타종교의 운도론運度論과 다른 점입니다.

나의 마음공부

- 나는 부모님으로부터 받는 상속에 대해 당연하다고 생각하나요?

- 나는 내 자손에게 상속을 어떻게 할 계획인가요?

- 나는 '일반 사회를 위하여 교화·교육·자선 등 사업에' 재산을 희사할 것인가요?

- 나는 '남을 이롭게 한즉 나에게 그만한 이익이 돌아오는 것을 실지로 경험' 해보았나요?

29

대종사 설법하실 때에는 위덕威德이 삼천 대천 세계를 진압하고
일체 육도 사생이 한 자리에 즐기는 감명을 주시는지라,
이럴 때에는 박사시화·문정규·김남천 등이 백발을 휘날리며 춤을 추고,
전삼삼田參參·최도화·노덕송옥 등은 일어나 무수히 예배를 올려
장내의 공기를 진작하며, 무상의 법흥을 돋아 주니,
마치 시방세계가 다 우쭐거리는 것 같거늘,
대종사 성안聖顏에 미소를 띠시며 말씀하시기를
[큰 회상이 열리려 하면 음부陰府에서 불보살들이 미리 회의를 열고
각각 책임을 가지고 나오는 법이니,
저 사람들은 춤추고 절하는 책임을 가지고 나온 보살들이 아닌가.
지금은 우리 몇몇 사람만이 이렇게 즐기나
장차에는 시방 삼계 육도 사생이 고루 함께 즐기게 되리라.]

『대종경』「전망품」29장

- **위덕 威德** : 위엄과 덕망.
- **음부 陰府** : ⑴ 눈으로 볼 수 없는 진리세계. 무형한 진리세계의 중심부를 상징하는 말. ⑵ 지하세계로, 황천黃泉이나 명부冥府와 같은 말. 민간신앙에서 죽은 후 모든 인간의 영혼이 예외 없이 가는 곳으로 여겨지고 있다.

함께 즐기게 되리라 | 풀이 |

대종사 설법하실 때에는 위덕威德이 삼천 대천 세계를 진압하고
일체 육도 사생이 한 자리에 즐기는 감명을 주시는지라,
이럴 때에는 박 사시화·문 정규·김 남천 등이 백발을 휘날리며 춤을 추고,
전 삼삼田參參·최도화·노덕송옥 등은 일어나 무수히 예배를 올려
장내의 공기를 진작하며, 무상의 법흥을 돋아 주니, 마치 시방세계가 다 우쭐거리는 것 같거늘,

이 부분은 제자들의 느낌을 서술한 내용입니다.
소태산 대종사님의 법설로 인해 법열法悅이 충만한 제자들이 춤추고 절을 하니
법회의 법흥이 한껏 고조된 모습이 생생합니다.

대종사 성안聖顔에 미소를 띠시며 말씀하시기를
[큰 회상이 열리려 하면 음부陰府에서 불보살들이 미리 회의를 열고
각각 책임을 가지고 나오는 법이니,
저 사람들은 춤추고 절하는 책임을 가지고 나온 보살들이 아닌가.
지금은 우리 몇몇 사람만이 이렇게 즐기나
장차에는 시방 삼계 육도 사생이 고루 함께 즐기게 되리라.]

대종사님도 기쁨을 표하십니다.
특별한 행동으로 법흥을 돋우는 제자들을 칭송하십니다.
소수만 만끽하는 법열과 법흥을 '장차에는' 일체 생령들과 함께 즐기게 될 것을
전망하십니다.
세상이 점차 '광대무량한 낙원'으로 진급해 갈 것이니
'파란고해의 일체 생령'들이 모두 그 낙원에서 즐기게 될 것입니다.
밝고 즐거운 전망입니다.

진망품

나의 마음공부

• 나는 이 선진님들과 같은 법열과 법흥을 느껴본 적이 있나요?

• 어떻게 해야 이런 법열과 법흥을 느낄 수 있을까요?

- 나는 이 회상에 어떤 '책임'을 가지고 온 사람인가요?

- 나는 누구와 함께 법흥을 즐기고 있나요?

한 제자 여쭙기를
[우리 회상이 대운大運을 받아 건설된 회상인 것은 짐작되오나
교운敎運이 몇만 년이나 뻗어 나가올지 알고 싶나이다.]
대종사 말씀하시기를
[이 회상은 지나간 회상들과 달라서 자주 있는 회상이 아니요,
원시반본原始反本하는 시대를 따라서 나는 회상이라 그 운이 한량 없나니라.]

『대종경』「전망품」30장

• 원시반본 原始反本 : 처음 출발한 근본 원점으로 되돌아온다는 뜻. 무왕불복無往不復이라고도 한다. 우주의 진리가 무시무종, 불생불멸로 무한히 돌고 도는 것을 표현하는 말, 또는 우주의 성주괴공과 만물의 생로병사가 무한히 순환불궁하는 것을 나타내는 말. ―『원불교대사전』
"원시반본이란 용어는 동양 사관의 순환 무궁의 원리에서 나온 용어이다. 그런데 유교『예기』에 이와 유사한 용어가 있다. '報本反始'라는 것이 그것이다.『태극도설』에도 '原始反終'이라는 말이 있다. 곧 근본에 보은하고 생명의 시작을 돌이켜 보자는 것이다. 그리고 노자는 사물이 끝까지 발전하면 원래 있는 상황을 바꿔 그것의 반대 방향으로 변화한다고 인식한다. 이것이 소위 '物極必反'이라는 관념이며 극성한 때가 바로 쇠락을 시작하는 전환점이라는 것이다. 이 역시 원불교의 원시반본 논리와 유사하다." ―『대종경 풀이』(류성태, 원불교출판사, 2005)

그 운이 한량없나니라 | 풀이 |

한 제자 여쭙기를
[우리 회상이 대운大運을 받아 건설된 회상인 것은 짐작되오나
교운敎運이 몇만 년이나 뻗어 나가올지 알고 싶나이다.]

제자가 우리 회상의 운을 질문합니다.
운의 기한을 알고 싶어합니다. 즉, 운수運數를 묻고 있는 것입니다.
흔히 '운이 좋다.' 또는 '운이 다했다.'라고 할 때의 '운'과 '운수'의 의미입니다.
'운수'란 '이미 정하여져 있어 인간의 힘으로는 어쩔 수 없는 천운天運과 기수氣數'를 의미합니다. 그런데 제자는 '몇만 년'을 언급합니다.
아마도 동양의 옛 경전에 '오만 년'을 한 단위로 해서 선천과 후천이 교역한다든가, 그 당시 큰 세를 가진 종교에서 '오만 년' 교운을 자주 말했기 때문일 것입니다.

대종사 말씀하시기를
[이 회상은 지나간 회상들과 달라서 자주 있는 회상이 아니요,
원시반본原始反本하는 시대를 따라서 나는 회상이라 그 운이 한량없나니라.]

대종사님은 「부촉품」 10장에서 '내가 다생 겁래로 많은 회상을 열어 왔으나'라는
의미심장한 말씀을 하신 바 있습니다.
이어서 '이 회상이 가장 판이 크므로'라고 새 회상을 평하기도 하셨습니다.
다생에 걸쳐 문을 열었던 회상 중에서 가장 큰 판이 이 회상이라는 말씀입니다.
스스로 평하시길 과거의 회상과는 차원이 다른 새 회상임을 밝히시는 대목입니다.
'판'이 크다는 것은 규모만을 뜻하는 것이 아니라 당연히 교법의 내용까지를 포함한 것으로 볼 수 있습니다.

'물질이 개벽되니 정신을 개벽하자'라는 '개교 표어'에서 볼 수 있듯이 우리 회상은 인류 역사에 일대 변화를 가져와야 할 시기에 맞춰 문을 연 새 회상인 것입니다. 변화의 질적·양적 차원이 과거와는 '딴판'이기에 '개벽'이라는 표현까지 쓰신 것입니다.

'원시반본하는 시대'라는 것의 의미는 무엇일까요?
추상적 표현이어서 그 의미를 명확히 파악하기는 쉽지 않습니다.
'원시'의 시공간으로 '돌아감'을 의미하는 것은 아닙니다. 시공간적으로 다시 돌아갈 수도 없습니다. 오히려 '처음'으로 다시 돌아간 듯한 완전히 새로운 시대의 '시작'을 의미하는 것 같습니다.
교리적으로 보자면 일찍이 인류 역사에서 보지 못한 '물질 개벽'의 시대가 도래하니, 처음부터 새롭게 '정신 개벽'을 해나가야 한다는 의미로 볼 수 있습니다.
인류의 미래는 큰 틀에서 정해졌다고 보아야 합니다.
물질이 개벽된 세상에서 살게 된 것입니다. 이 '운運'은 크게 변하지 않을 것입니다.
인류에게 필요한 '새 회상'은 '물질 개벽' 세상을 구원하는 회상입니다.
'새 회상'은 '물질 개벽'된 세상을 건질 '새 교법'을 세상에 내놓아야 합니다.
소태산 대종사님께서 연 새 회상은 '진리적 종교의 신앙'과 '사실적 도덕의 훈련'이라는 '새 교법'으로 '물질 개벽' 세상에서 '물질의 노예'가 된 일체 생령들을 '광대무량한 낙원으로 인도'하고자 새롭게 출현했습니다. '자주 있는 회상'이 아닌 이유입니다.
'물질 개벽' 시대에 새롭게 '정신 개벽'을 시작해야 하는 '새 회상'인 것입니다.

대종사님께서 『대종경』 「서품」 8장에서
'우리가 건설할 회상은 과거에도 보지 못하였고 미래에도 보기 어려운 큰 회상이라, 그러한 회상을 건설하자면 그 법을 제정할 때에 도학과 과학이 병진하여 참 문명 세계가 열리게 하며, 동動과 정靜이 골라 맞아서 공부와 사업이 병진되게 하고, 모든 교법을 두루 통합하여 한 덩어리 한 집안을 만들어 서로 넘나들고 화하게 하여야 하므로, 모든 점에 결함됨이 없이 하려함에 자연 이렇게 일이 많도다.'라고 말씀하신 바와 일맥 상통합니다.

이런 새로운 교법으로 새 회상의 문을 여신 것이고,
새 회상으로 새 세상의 문을 열고, '참 문명 세계'를 여신 것입니다.

대종사님은 늘 밝은 전망을 하시며 할 일을 준비하고 준비한 것을 정성스럽게 실행하셨습니다. 『대종경』은 그런 대종사님의 말씀과 실행을 담고 있습니다.

대종사님은 이미 「서품」15장에서 돌아오는 세상을 '상상하지 못할 불국토'라고 전망하신 바 있습니다.
'불교는 장차 세계적 주교가 될 것이니라. 그러나, 미래의 불법은 재래와 같은 제도의 불법이 아니라 사·농·공·상을 여의지 아니하고, 또는 재가 출가를 막론하고 일반적으로 공부하는 불법이 될 것이며, 부처를 숭배하는 것도 한갓 국한된 불상에만 귀의하지 않고, 우주 만물 허공 법계를 다 부처로 알게 되므로 일과 공부가 따로 있지 아니하고, 세상 일을 잘하면 그것이 곧 불법 공부를 잘하는 사람이요, 불법 공부를 잘하면 세상 일을 잘하는 사람이 될 것이며, 또는 불공하는 법도 불공할 처소와 부처가 따로 있는 것이 아니라, 불공하는 이의 일과 원을 따라 그 불공하는 처소와 부처가 있게 되나니, 이리 된다면 법당과 부처가 없는 곳이 없게 되며, 부처의 은혜가 화피초목化被草木 뇌급만방頼及萬方하여 상상하지 못할 이상의 불국토가 되리라. 그대들이여! 시대가 비록 천만 번 순환하나 이 같은 기회 만나기가 어렵거늘 그대들은 다행히 만났으며, 허다한 사람 중에 아는 사람이 드물거늘 그대들은 다행히 이 기회를 알아서 처음 회상의 창립주가 되었나니, 그대들은 오늘에 있어서 아직 증명하지 못할 나의 말일지라도 허무하다 생각하지 말고, 모든 지도에 의하여 차차 지내가면 멀지 않은 장래에 가히 그 실지를 보게 되리라.'

대종사님은 앞으로 올 세상을 전망하시고, 세상을 구할 교법을 준비하셨습니다.
동지들과 힘을 합해 회상의 문을 여시고,
새로운 세상으로 변화될 세상을 새롭게 전망하셨습니다.
그렇게 변화된 새 세상은 '광대무량한 낙원'일 것입니다.
우리 회상의 운도 한량없을 것이고, 광대무량한 낙원의 운도 한량없을 것입니다.

나의 마음공부

• 나는 우리 회상의 운이 어떻다고 생각하나요?

• 내가 그렇게 생각하는 이유는 무엇인가요?

- 내가 우리 회상의 운에 도움을 받는다면 어떤 면에서 도움을 받을까요?

- 나는 우리 회상의 운에 어떤 영향을 미치고 있나요?

『대종경』 15품의 주요 내용

제 1 서　품 : 원불교 창립 목적과 배경, 주요 과정 및 불교 혁신의 내용 등 소태산 사상의 서설적 법문.
제 2 교의품 : 원불교의 신앙·수행 교리 전반에 관한 법문.
제 3 수행품 : 원불교 수행법 이해와 실행에 관한 다양한 법문.
제 4 인도품 : 도덕의 이해와 실천에 관한 원론적 법문과 다양한 응용 법문.
제 5 인과품 : 인과보응의 이치에 대한 다양한 해석 사례와 응용 법문.
제 6 변의품 : 교리에 관련된 다양한 의문들에 관한 응답 법문.
제 7 성리품 : 성품의 원리와 깨달음, 견성 성불 및 성리문답에 관한 법문.
제 8 불지품 : 부처님의 경지와 심법, 자비방편에 관한 법문.
제 9 천도품 : 생사의 원리와 윤회·해탈, 영혼 천도에 관한 법문.
제 10 신성품 : 신앙인의 믿음과 태도에 관한 법문.
제 11 요훈품 : 인생길과 공부길을 안내하는 짧은 격언 형태의 법문.
제 12 실시품 : 다양한 경계에 응한 대종사의 용심법에 관한 법문.
제 13 교단품 : 원불교 교단의 의의와 운영, 발전 방안 및 미래 구상에 관한 법문.
제 14 전망품 : 사회·국가·세계, 종교, 문명, 교단의 미래에 관한 예언적 법문.
제 15 부촉품 : 대종사가 열반을 앞두고 제자들에게 남긴 부탁과 맡김의 법문.

소태산 대종경 마음공부

발행일 | 원기109년(2024년) 4월 15일
편저자 | 최정풍

디자인 | 토음디자인
인쇄 | ㈜문덕인쇄

펴낸곳 | 도서출판 마음공부
출판등록 | 2014년 4월 4일 제2022-000003호
주소 | 전북 익산시 익산대로 463, 3층
전화 | 070-7011-2392
ISBN | 979-11-986562-5-4
값 | 12,000원

도서출판 마음공부는 소태산마음학교를 후원합니다.
후원계좌 : 농협 301-0172-5652-11 (예금주: 소태산마음학교)

전망품